FOLHA
EXPLICA

AS PROFISSÕES DO FUTURO

GILSON SCHWARTZ

PUBLIFOLHA

Editor
Arthur Nestrovski

Assistência editorial
Paulo Nascimento Verano

Capa e projeto gráfico
Silvia Ribeiro

Coordenação de produção gráfica
Marcio Soares

Revisão
Mário Vilela

Editoração eletrônica
Picture studio & fotolito

Dados internacionais de Catalogação na Publicação (CIP)
(Câmara Brasileira do Livro, SP, Brasil)

Schwartz, Gilson
As profissões do futuro / Gilson Schwartz. – São Paulo : Publifolha, 2000. – (Folha explica)

Bibliografia.
ISBN 85-7402-226-8

1. Cidadania 2. Empregos – Habilitação 3. Previsão do futuro 4. Profissões I. Título. II. Série.

00-2877 CDD-331.712

Índices para catálogo sistemático:
1. Profissões : Trabalho : Economia 331.712

PUBLIFOLHA
Divisão de Publicações do Grupo Folha

Av. Dr. Vieira de Carvalho, 40, 11° andar, CEP 01210-010, São Paulo, SP
Tels.: (11) 3351-6341/6342/6343/6344 – Site: www.publifolha.com.br

Os leitores interessados em fazer sugestões podem escrever para Publifolha no endereço acima, enviar um fax para (11) 3351-6330 ou um e-mail para publifolha@uol.com.br

SUMÁRIO

Dedico este livro ao amigo Pedro Paulo Martoni Branco, economista que participou da criação e do aperfeiçoamento da Pesquisa de Emprego e Desemprego (PED), realizada conjuntamente pela Fundação Seade (Sistema Estadual de Análise de Dados, subordinada à Secretaria de Planejamento do Governo do Estado de São Paulo) e pelo Dieese (Departamento Inter-Sindical de Estudos Sócio-Econômicos).

Pergunte a si mesmo. Qual o tipo de experiência dominante no final do século 20? Como as pessoas vêem as coisas e como esperam ver as coisas? A resposta é simples. Em todos os campos, dos negócios à política, passando pelo marketing e pela educação, o entretenimento tornou-se o modo predominante. Mas onde vai dar essa mania de entretenimento? O que as pessoas farão quando estiverem cansadas da televisão? Quando se cansarem de filmes? Já sabemos a resposta – elas migram para atividades participativas: esportes, parques temáticos, carrosséis, montanhas-russas. Diversão estruturada, emoções planejadas. E o que farão quando se cansarem de parques temáticos e emoções planejadas? Cedo ou tarde, os truques ficam evidentes demais. Elas começam a perceber que o parque de diversões é uma espécie de prisão, em que você paga para ser um presidiário. Esses truques levarão as pessoas a buscar autenticidade. Autenticidade será a palavra-chave do século 21.

Robert Doniger, personagem de *Timeline*, romance de Michael Crichton (autor de *Jurassic Park*) que foi publicado em 1999 pela editora Alfred A. Knopf de Nova York e cujos direitos para o cinema foram negociados por um adiantamento de US$ 10 milhões.

Uma estranha loucura se apossou das classes operárias das nações onde reina a civilização capitalista. Essa loucura arrasta consigo misérias individuais e sociais que há dois séculos torturam a triste humanidade. Essa loucura é o amor ao trabalho, a paixão moribunda do trabalho, levado até o esgotamento das forças vitais do indivíduo e da sua progenitora. Em vez de reagir contra essa aberração mental, os padres, os economistas, os moralistas sacrossantificaram o trabalho.

Paul Lafargue (1842-1911), em *O Direito à Preguiça*, publicado em 1883 na prisão de Sainte-Pélagie. Lafargue foi genro de Karl Marx e fundou o primeiro partido de trabalhadores da França em 1880, influenciando a criação da jornada de oito horas de trabalho e reivindicando igualdade salarial entre homens e mulheres. (http://surfclub.com.br/attacmg/txt011.htm.)

INTRODUÇÃO

Três palavras resumem a visão que este livro oferece do futuro das profissões: rede, conhecimento e cidadania. As oportunidades de sobrevivência digna estarão cada vez mais condicionadas, em cada sociedade, pelas possibilidades de criação e multiplicação de redes de conhecimento.

Se nunca foi fácil conquistar as condições básicas para ser cidadão, com emprego, renda, saúde e lazer, o desafio torna-se ainda maior ao incluir o acesso ao conhecimento como uma das condições fundamentais para o exercício da cidadania. Mas a Conclusão irá também alertar para o raciocínio inverso: sem uma ampla mobilização que afinal coloque a radicalização da cidadania em primeiro lugar, a busca de conhecimento e emprego pode dar em nada.

É importante registrar também, logo no início, que este livro deixará de lado muitas coisas que *não* mudam, tanto positivas (profissões antigas que são preservadas mais ou menos intactas, como a de enfermeira ou a de juiz de futebol) quanto negativas (tristes realidades como a exploração do trabalho infantil ou as falsas promessas de democratização e distribuição de renda).

As manchetes de jornais e revistas consagraram a divisão entre "velha" e "nova" economia. Mas a distinção tende a desaparecer: simplesmente a nova economia penetra todos os setores da velha economia. Agricultura é coisa antiga? As plantações do futuro terão sementes e chips de controle. Fabricar panos ou toalhas é coisa de tecelão, trabalhador manual? O setor têxtil modernizou-se e hoje exibe os mais sofisticados sistemas de design gráfico e automação industrial. O zelador do prédio era uma pessoa que no máximo consertava um cano ou cuidava dos faxineiros? Os prédios inteligentes exigem zeladores que mais parecem administradores de empresas ou prefeitos. Enquanto isso, surgem novas profissões: coordenadores de projetos, gerentes de terceirização, programadores visuais multimídia, administradores de comunidades virtuais, engenheiros de redes.

Essa economia que está surgindo, totalmente nova ou renovando o que já existe, funciona com base em redes de conhecimento. Portanto, transformar-se num elo de uma cadeia de transmissão de conhecimento é a melhor forma de ficar próximo a um bom emprego.

"Cadeia de transmissão": não basta já ter algum diploma pendurado na parede. Há quem diga que os diplomas deveriam ser dados com prazo de validade, como leite e outros produtos perecíveis. Para competir no mercado de trabalho, não basta ter uma competência, é preciso ser competitivo, ou seja, estar disposto a reformular e atualizar continuamente conhecimentos, habilidades e atitudes. O trabalhador do futuro, seja qual for a sua especialidade ou setor, precisa estar habituado à gestão do próprio conhecimento. E desde os primórdios da humanidade é evidente que sabedoria e conhecimento só se atualizam quando proliferam as relações entre pessoas que ensinam, debatem, experimentam, pesquisam e dialogam.

Depois desta Introdução, que situa o tema numa perspectiva mais ampla, o livro segue um roteiro que vai do mais imediato e concreto ao mais distante e abstrato. Começa com o mercado de trabalho, identificando os vários tipos de transformação por que passa esse espaço econômico. Depois, discute profissões que já existem e têm futuro, assim como outras que ainda não existem mas estão sendo criadas e destruídas com notável rapidez.

Traçados esses roteiros sobre o que muda na realidade, daremos uma guinada completa rumo a questões subjetivas cada vez mais decisivas nos ambientes e nas oportunidades de trabalho: personalidade e caráter são aspectos de um relacionamento cada vez mais complexo de cada indivíduo com o contexto em que luta pela sua própria sobrevivência.

Finalmente, busca-se uma síntese entre os aspectos mais concretos e objetivos e as tendências mais amplas da sociedade do conhecimento, em que o caos parece inevitável. Essa síntese, centrada na constituição de novos projetos de cidadania e luta social, é a dimensão mais difícil e talvez ainda utópica de uma realidade cuja transformação tem primado pela violência institucionalizada, pela destruição de empregos e pela desumanização da vida.

No entanto, a maioria das questões levantadas tem de ficar em aberto. Apontar um futuro negro, de piora nas condições de vida para a maioria enquanto uma minoria tem acesso às maravilhas das novas tecnologias, ou indicar um futuro radiante em que o ócio será mais importante e valorizado que o trabalho, com oportunidades crescentes para todos, são extremos hoje tão válidos quanto qualquer aposta.

A mudança é rápida e sem direção clara: mais que apostar neste ou naquele cenário futuro, este livro procura apresentar as questões como oportunidades. O seu aproveitamento dependerá não apenas do esforço de cada indivíduo para sobreviver com dignidade ou fazer carreiras interessantes e financeiramente recompensadoras, mas de uma luta coletiva em que nem sempre é fácil ou possível distinguir quem ou o que está do lado do velho ou do novo, do progresso ou da reação conservadora, da utopia emancipadora ou da velha tutela autoritária.

O paradoxo dramático da nossa época, tão exigente em competição e competências, é que nem as escolas estão preparadas para esse novo sistema nem as empresas conseguem resolver suas carências de mão-de-obra especializada. Enquanto isso, o desemprego aumenta. Antigamente era o agricultor que ia para a cidade ou o estivador que perdia o posto no porto. Agora são os trabalhadores de "colarinho branco", que estavam aparentemente seguros em escritórios e burocracias, os que perdem seus postos para robôs, softwares, agentes virtuais e sistemas automatizados de administração de empresas e organizações.

Um olhar mais atento identifica que o desemprego tende a ser mais alto nas populações desprovidas de acesso a conhecimento, informação, educação. Nas populações com grau mais elevado de escolaridade, as opções de emprego continuam se multiplicando, e as empresas só se queixam de falta de mão-de-obra especializada. Ou seja, há nas empresas uma procura por trabalhadores que as escolas estão sendo incapazes de oferecer.

Conclusão: quanto melhores forem as condições de vida e a distribuição de renda no país, ou seja, quanto melhores forem as condições de acesso ao conhecimento, mais gente terá acesso às oportunidades da nova economia do conhecimento, centrada na inovação, na expansão de redes e na ampliação da cidadania.

Ser habilitado nas novas tecnologias (uso de computador, domínio de língua estrangeira, capacidade de atualização profissional permanente) significa ampliar as possibilidades individuais de obtenção de um bom emprego – em qualquer setor. Coletivamente, no entanto, não há solução para o desemprego sem programas (públicos e privados) de distribuição de renda e ampliação da cidadania.

Chega a ser espantoso que o trabalho, ou melhor, o direito ao trabalho, já tenha sido considerado como um dos direitos humanos. Hoje, o trabalho, ou melhor, as condições de trabalho, está sujeito a mudanças em que nem se sabe ao certo o que é direito e o que não é.

Para os indivíduos, o número de opções às vezes parece limitado; ao mesmo tempo, fala-se cada vez mais numa revolução do conhecimento que abriria espaços mais amplos de emprego e criação.

Uma linha histórica do "mercado de trabalho" ilustra como o trabalho e as suas condições mudam ao longo da história: no início, predominava a empresa familiar; veio depois um longo processo de profissionalização, ampliaram-se as oportunidades para quadros médios, as cidades cresceram, impulsionando os serviços; houve em alguns casos excessos, evidenciados em momentos como a crise do petróleo e a crise asiática; mas, de qualquer modo, a globalização e a reengenharia tornaram-se dínamos de uma transformação sem precedentes nas formas humanas de produzir e criar.

Para se orientar no novo mundo, na nova economia, é preciso estar informado a respeito de processos como estes: globalização e reengenharia. A globalização é um fenômeno visível principalmente no universo das comunicações, mas alcança praticamente todos os setores econômicos e culturais em todo o mundo. Por mais que se fale em divisões políticas entre Estados, regiões ou regimes políticos, na prática basta abrir os olhos e ligar a TV para saber que todos os regimes, Estados e regiões estão interagindo num mercado autenticamente planetário, que é desigual e injusto.

A reengenharia (em suas várias formas) é o outro conceito central da nova época. Num dado momento, nos anos 80, a expressão ficou associada à onda de demissões em massa, fusões e aquisições, terceirização, enxugamento de empresas. No final dos anos 90, no entanto, já estava claro que a reengenharia não era uma fase ou moda, mas um *modus operandi*. Da terceirização (em vez de contratar faxineiros, a empresa demite os faxineiros e contrata uma empresa que presta serviços de limpeza, por exemplo) passou-se à quarteirização (ou seja, empresas que assumiam a função de administrar processos de terceirização). A Internet trouxe muitas novas ameaças (a livraria virtual coloca em risco a loja de tijolo e cimento) que também exigem um redesenho completo das engrenagens da produção, do comércio e das finanças. E que geram mais desemprego.

A tradição cientificista do século 19 encarava a ciência e as técnicas como máquinas de solução de problemas. Mas ao longo do século 20 ficou evidente que a velocidade das transformações tecnológicas acabava na prática por colocar novos problemas, cada vez mais complexos. A complexidade crescente dos sistemas empresariais e sociais destrói empregos mecânicos e repetitivos, mas tende a gerar novas necessidades e funções que serão atendidas apenas por pessoas capazes de perceber e atuar, o tempo todo, conscientes dessa complexidade crescente do contexto.

Re-engenho, ou seja, reposição ou redefinição do *engenho* – palavra que na origem significa tanto o engenho de cana-de-açúcar do Brasil colonial quanto o talento (os portugueses falavam muito em "cabedal", em "engenho e arte"). A engenhosidade reposta de modo permanente, ou seja, a identificação de talentos e o exercício criativo desses talentos. Essas são as chaves, relativamente simples, do sucesso profissional. Fácil de falar, difícil de fazer.

Já no final dos anos 90, todo esse processo começou a ser visto de um modo mais sistemático: globalização e reengenharia seriam na prática reflexos da impressionante emergência em escala mundial de uma economia do conhecimento. Redes de conhecimento, de que a Internet é apenas um entre muitos exemplos, começaram a se espalhar por todo o planeta, redefinindo as relações sociais e o peso das instituições políticas e (o que é mais relevante para quem está querendo entender o futuro das profissões) destruindo disciplinas ou, no mínimo, redefinindo muitas delas, de tal sorte que um engenheiro cada vez menos sabe em que vai trabalhar no futuro.

Não só os problemas tornam-se cada vez mais numerosos, como já não se concebe que a busca de soluções fique nas mãos de um profissional apenas (por exemplo, um engenheiro).

Um exemplo é a construção de uma grande usina hidroelétrica (a forma mais moderna do engenho-d'água). Fatores sociológicos, antropológicos e ambientais terão de ser levados em conta. Hoje é comum, em grandes projetos de engenharia internacionais, em que a obra é financiada por organismos multilaterais como o Banco Mundial, que o empréstimo só seja concedido se uma equipe interdisciplinar der um aval ao projeto. Como as populações serão atingidas? Há tribos indígenas ou outras comunidades na área a ser coberta pelas águas? Sítios arqueológicos?

Um sociólogo, portanto, que há alguns anos talvez fosse considerado um profissional com menos oportunidades de trabalho, torna-se valorizado numa economia globalizada em que a engenharia é contextualizada e precisa responder a questões que se colocam socialmente.

Raciocínios semelhantes podem ser aplicados em inúmeros setores, aparentemente condenados a ficar na "velha economia" ou mesmo a ser destruídos pela "nova". O jornalista, por exemplo, torna-se nos novos mercados da Internet um "diretor de conteúdo". A figura do "velho jornalista" já não existe: jovens informatizados ocupam as redações dos jornais e os sites da Internet.

Obviamente seria impraticável, num texto que pretende ser conciso, examinar caso a caso as centenas de transformações que ocorrem nas condições de trabalho, nessa nova rede de conhecimento, que cresce dia a dia, em todo o mundo.

Essa enorme rede não tem um governo centralizado, o que é bom, pois ampliam-se as oportunidades de expressão e criação. Mas é também ruim que não haja a devida regulação, por exemplo, quando se trata de controlar abusos ou de criar condições socialmente adequadas de uso de redes de informação e comunicação.

Para cada profissão ou área de conhecimento abre-se, nos dias atuais, o desafio de se tornar intensiva em conhecimento. Esses esforços multiplicados mundialmente podem resultar num mercado de proporções literalmente planetárias ao qual se pode ter acesso da sala de casa.

Para que esse enorme potencial vire realidade, é preciso ampliar o acesso, sobretudo em comunidades carentes ou países menos desenvolvidos, como o Brasil, a redes de transmissão de informação e conhecimento. Nesse sentido, a nova economia em nada difere da velha: enquanto houver exclusão, desigualdades sociais, restrições sociais e políticas, o tamanho do mercado estará limitado pela baixa qualificação da população.

1. APERTE OS CINTOS, O MERCADO SUMIU!

Brasil, país do futuro, jovem, alegre e vibrante! Mas em dez anos (entre 1986 e 1996) o desemprego entre jovens de dez a 24 anos cresceu 208%. Eles são quase 30% da população economicamente ativa (PEA, ou seja, a parcela da população que está efetivamente procurando emprego num dado momento). Nada menos que 2,6 milhões *procuram* e não conseguem emprego. Essa estatística é portanto modesta, pois não inclui aqueles que já desistiram de procurar ou que não se declaram em busca de um emprego.

A dificuldade não é só brasileira. Em todo o mundo, a situação é de aumento da precariedade dos empregos disponíveis e de declínio no número de contribuintes à previdência social. Aposentadoria, só para quem fizer a própria poupança e programar financeiramente o futuro com o máximo de antecedência. E torcer para que a inflação, as crises financeiras, a quebra de bancos ou os pacotes econômicos não destruam subitamente o esforço de anos e anos de poupança.

Tal situação é um verdadeiro contra-senso: como poupar para o futuro sem um emprego relativamente estável ou duradouro? Sem uma carreira garantida?

Ora, se nas sociedades contemporâneas estão desaparecendo a estabilidade no emprego e outros direitos (como férias remuneradas, aposentadoria por tempo de serviço, serviços médicos e sociais públicos ou subsidiados), como esperar que cada indivíduo faça a própria poupança e se prepare para um futuro cada vez mais incerto?

Entre 1989 e 1997, ou seja, antes mesmo da crise asiática, o Brasil perdeu 2,5 milhões de ocupações formais. E 1,4 milhão de jovens chega ao mercado por ano em busca de um emprego. O mercado de trabalho é cada vez mais estreito. Em 1999, a pesquisa de emprego industrial do IBGE (Fundação Instituto Brasileiro de Geografia e Estatística) mostrou uma queda de 7,3% no número de vagas em relação a 1998. Foi uma melhora relativa, porque em 1998 haviam sido fechadas 9,1% das vagas.

Muitas vezes é o trabalhador mais experiente que fica com as vagas, mesmo as de mais baixa remuneração e qualidade. Mas o trabalhador que é mais velho perde espaço também, quando não acompanha as mudanças tecnológicas ou é sacrificado em programas de reestruturação das empresas ou demissão voluntária. A privatização também ajudou a aumentar o desemprego.

Ao mesmo tempo, em alguns setores há uma terrível falta de mão-de-obra. Principalmente de mão-de-obra *altamente* qualificada. O setor de serviços, que em geral exige níveis mais altos de qualificação, já é o maior responsável pela geração de emprego no Brasil.

Informática, telecomunicações e lazer (turismo, em especial) são setores dinâmicos, em expansão.

No setor de lazer e entretenimento, cada vez mais oportunidades surgem em música, cinema, televisão, publicidade e multimídia. A Internet cria novas necessidades. Profissões que não existiam começam a aparecer – um exemplo é o *administrador de comunidades virtuais*. Outras que existem há muito tempo, como a de artista gráfico, ganham nova roupagem e nomes charmosos, como *Webdesigner* (pronuncia-se "uébdesainer"). Sem falar na infinidade de tarefas assumidas pelos chamados *consultores*, muitas vezes ex-funcionários que foram *terceirizados* por grandes empresas e passam a oferecer seus serviços sem exclusividade e por tempo determinado.

Há uma formidável expansão de segmentos associados à convergência entre informática, telecomunicações e entretenimento. Há quem imagine que, no futuro, essas três dimensões farão parte de uma única rede de serviços, integrada e dominada por gigantescas corporações transnacionais que estão crescendo por meio de fusões e aquisições, sob a liderança das corporações sediadas nos países mais ricos. A Internet, com sua variedade e flexibilidade, é considerada apenas uma amostra, pálida, do que ainda está para acontecer em termos de criação de serviços e mesmo de invenção de novos negócios e produtos.

Mas cabe então uma pergunta inquietante: afinal, *onde* está o mercado de trabalho? As estatísticas mostram o encolhimento e mesmo o desaparecimento puro e simples de mercados, setores, profissões e condições de previsibilidade. E ao mesmo tempo há nichos e fronteiras de oportunidades.

Um aspecto, ao menos, está ficando claro para quem acompanha as transformações do mundo do trabalho: não basta olhar os cadernos de classificados ou sonhar com um emprego que se encaixe na sua qualificação. Esse caminho precisa ser percorrido ao contrário: agora cada indivíduo precisa acompanhar o conjunto dos setores da economia e estar preparado a mudar a própria qualificação profissional. É o trabalhador que precisa se adaptar com rapidez ao mercado, em vez de ficar esperando que surjam, vindas do próprio mercado, as oportunidades que correspondam ao seu perfil atual.

Em poucas palavras: o mercado de trabalho, no sentido convencional da expressão, *sumiu*! Esse sumiço pode ter pelo menos sete significados:

1. *encolhimento do mercado*: menos ofertas, índices de desemprego muito altos, porque o governo brasileiro, para derrubar a inflação, tomou muito dinheiro emprestado no exterior e, para pagar as dívidas, é obrigado a segurar o crescimento econômico, levando empresas à falência, ou a reduzir a produção e os investimentos e, portanto, a demitir ou a evitar novas contratações;

2. *desaparecimento do mercado*: profissões que desaparecem porque certas funções são substituídas por máquinas e computadores; postos de trabalho que são fechados porque fábricas não conseguem enfrentar a concorrência de produtos importados, ou porque empresas são privatizadas e enxugadas;

3. *flexibilização do mercado*: leis e direitos trabalhistas são eliminados ou deixam de ser cumpridos, multiplicando as formas de contratação e os tipos de relação trabalhista, ou seja, as modalidades de oferta e procura de oportunidades;

4. *virtualização do mercado*: há mercados que literalmente desaparecem, em setores cujas empresas são substituídas por redes de computadores em comuni-

cação permanente (por exemplo, shopping centers e agências bancárias que passam a existir apenas na Internet) – nesses casos, é preciso tornar-se um cidadão do mundo virtual para poder trabalhar dentro dele, ainda que fisicamente talvez se esteja diariamente num quarto dentro de casa;

5. *degradação do mercado*: às vezes uma ocupação não desaparece, nem diminuem as vagas disponíveis, mas as condições de trabalho passam por uma deterioração progressiva, a ponto de se tornarem insuportáveis (policiais, professores de ensino básico e trabalhadores agrícolas estão entre as principais vítimas de processos de degradação dos respectivos mercados de trabalho, degradação que inclui aspectos simbólicos, como ser respeitado ou ter status);

6. *barreiras etárias à entrada no mercado*: mudar de carreira ou simplesmente procurar um emprego depois dos 40 anos em geral não é fácil, pois em muitos mercados existem preconceitos e barreiras etárias, apesar do discurso em favor de experiência e maturidade – na prática, o mercado de trabalho também "some" depois de certa idade em função de riscos, habilidades e ferramentas utilizadas (isso pode afetar tanto um mergulhador de plataforma submarina quanto uma bailarina, um atleta ou um executivo com pós-graduação no exterior);

7. *irrelevância do mercado*: por fim, é importante registrar que para muita gente o mercado "desaparece" por opção própria, por desistência mesmo, desde o homem ou mulher que resolvem (e têm condições para) cuidar dos filhos até a pessoa que, seja qual for a sua idade, põe os pés na estrada, se integra a uma comunidade alternativa ou mística ou simplesmente resolve romper os laços com a cultura consumista e urbana (nesses vários casos, no entanto, podem surgir

também novas profissões e até novas formas de remuneração e sobrevivência, até sem o uso de moeda e bancos).

Obviamente, identificar a qual dessas categorias se associa o mercado de trabalho em que alguém já está, ou avaliar se uma profissão que parecia promissora poderá brevemente estar ameaçada de extinção, não é tarefas das mais fáceis. A começar pelo fato de que existem poucas fontes de informação acessíveis ou adequadas para esse tipo de problema.

Os sindicatos e associações profissionais são uma fonte de informação. Mas cada sindicato defende o interesse de uma categoria de trabalhador. É uma organização que pode estar lutando contra um desaparecimento inevitável de seu próprio mercado (quando ocorre uma onda de privatização, por exemplo). Se os mercados estão mudando, nada garante que os sindicatos acompanhem a mudança de forma adequada ou em tempo hábil.

Para um bom número de *novas* oportunidades de emprego, simplesmente os sindicatos ainda não existem e talvez nunca venham a ser criados. Aliás, surgem formas novas de organização de trabalhadores e empreendedores que funcionam em *redes*: associações, cooperativas, sistemas de parcerias e mesmo serviços, na Internet, voltados simplesmente a organizar os prestadores de serviços, intermediários entre intermediários.

Outras instituições tradicionais que poderiam ser uma fonte de informação também deixam a desejar. O governo brasileiro, por exemplo, ainda não tem uma política adequada de recolocação profissional ou mesmo de monitoramento do mercado de trabalho. Os índices oficiais de desemprego usam definições bastante restritas do que seja um desempregado, com o resultado óbvio de produzir estatísticas menos assustadoras. Somente em São Paulo, por exemplo, havia no início do ano 2000 mais de 280 mil pessoas interessadas em requalificação – esperando na fila.

Os planos do governo revelam mais o tamanho do problema e a sua incapacidade para enfrentá-lo: seria necessário requalificar, apenas no ano 2000, 12 milhões de trabalhadores na economia brasileira, mas a verba disponível para o maior estado do país vai permitir a requalificação de menos de duas em cada cem pessoas que procuram trabalho.

Sem verbas suficientes, volta a contradição: o indivíduo desempregado com pouca ou nenhuma poupança precisa gastar dinheiro (se tiver algum de sobra) para tentar se requalificar. E o que é pior: não basta o governo gastar em programas de requalificação se a política econômica impede o crescimento da economia, bloqueia ou dificulta o desenvolvimento de tecnologia nacional e impede a criação de novos postos de trabalho. Simplesmente pode ocorrer o paradoxo de aumentar o número de trabalhadores qualificados... e desempregados. Basta olhar a dificuldade que já existe para cientistas e pesquisadores, ou seja, para pessoas que são altamente qualificadas, mas que não conseguem produzir conhecimento e acabam trabalhando como meros administradores de alguma tecnologia importada e já padronizada.

Alguns órgãos acompanham as estatísticas de emprego e desemprego, mas nem todo mundo consegue acompanhá-las em detalhe. Para saber quais são as profissões *do* futuro e, entre as que já existem, quais são as profissões *de* futuro, é preciso reaprender o que é habilitação profissional e preparar-se para enxergar a si mesmo no mundo do trabalho de outros modos.

2. PROFISSÕES *DE* FUTURO

As novas tecnologias têm destruído empresas e até setores econômicos inteiros. Na melhor das hipóteses, empresas e setores precisam passar por uma ampla reengenharia, que está acontecendo em escala mundial. Para competir, é preciso ser competente.

Em alguns segmentos, a destruição de empregos por máquinas vem de longe, já dura décadas, como no caso dos tratores que substituem lavradores. Mas surgem novas formas de destruição: os e-mails substituem os carteiros, as vendas pela Internet substituem os balconistas em lojas de shopping centers. Ao mesmo tempo, surgem novos negócios, novos mercados que transformam (sem destruir totalmente) ocupações antigas ou criam profissões realmente inéditas, como a de projetista de sites.

Para avaliar quais as profissões do futuro e quais as que, se já existem, têm futuro, é necessário identificar o *impacto*, em cada uma delas, das novas exigências de capacitação profissional e de organização de empresas no setor público e no setor privado. Impacto que varia ao longo do tempo.

Para facilitar esse desafio, podemos usar um sistema de avaliação semelhante ao que se utiliza para classificar hotéis e restaurantes. A seguir, apresentamos alguns critérios a partir dos quais cada pessoa pode elaborar o seu ranking pessoal.

Fazer o ranking é fundamental: trata-se de um exercício que nos coloca em contato direto com as dificuldades de levantamento de informação, mas também com as dúvidas de cada um com relação às prioridades na vida, tanto profissional quanto pessoal.

As fontes de informação atualmente disponíveis vão de estatísticas de emprego e desemprego por setor da economia (produzidas, entre outros, por instituições como o IBGE e a Fundação Seade em São Paulo) à procura de sites voltados para o perfil do setor ou a área de atividade em que se insere um projeto. Os cadernos de classificados dos jornais continuam ampliando o leque de seus temas, assim como se multiplicam os sites voltados à promoção de carreiras, *outplacement* (que é a recolocação de um profissional numa nova empresa ou mesmo carreira) e escolha vocacional.

Um painel ideal exigiria uma enorme pesquisa de campo, nos moldes das atuais pesquisas de emprego e desemprego (há várias, com metodologias diferentes). O governo brasileiro não dispõe, hoje, de uma base de dados atualizada sobre as condições de emprego na nova economia; seria um importante instrumento de apoio a políticas públicas. No ranking a seguir, prevalecem intuições pessoais formadas a partir de um olhar panorâmico sobre a economia e uma boa dose de leitura acompanhando investimentos anunciados nos vários setores.

De acordo com essa visão, uma profissão, ocupação ou setor econômico "cinco-estrelas" é aquele cujo mercado tende a crescer, ganhar profundidade, oferecer perspectivas de desenvolvimento para os indivíduos e para as empresas. Quanto menos estrelas, mais estreitos ou duvidosos os respectivos futuros.

Vamos usar os seguintes critérios na avaliação das perspectivas dos setores:

1. *ambiente* setorial (concorrência, ambiente macroeconômico e políticas do governo)

2. geração de *emprego* no setor (nível de emprego)

3. *condições* de trabalho no setor (contratos e benefícios)

4. *remuneração* no setor (salários)

5. *estabilidade* das funções no setor (risco)

setor	ambiente	emprego	condições
agrícola	6	4	2
mineração	2	4	3
construção	6	5	5
infra-estrutura	6	7	5
indústria			
bens intermediários	5	6	6
bens de consumo	6	6	6
bens de capital	6	7	6
telecom	8	9	6
comércio	5	6	6
finanças	8	7	7
serviços	6	8	5

Em cada critério será feita uma avaliação com notas de 1 a 10. Somados os pontos, teremos a seguinte classificação de setores e funções:

★	até 10 pontos	em extinção ou com perspectivas estreitas
★★	10 – 20 pontos	condições de trabalho tendem a sofrer deterioração
★★★	21 – 30 pontos	boas perspectivas de emprego, mas com baixos salários
★★★★	31 – 40 pontos	perspectivas de emprego, salários moderados e baixo risco
★★★★★	41 – 50 pontos	perspectivas de emprego, altos salários e alto risco (na realidade, em face da instabilidade da economia atual, nenhum setor é cinco-estrelas)

remuneração	estabilidade	total	categoria
1	4	17	★★
2	4	15	★★
4	2	22	★★★
5	4	27	★★★
5	5	27	★★★
6	6	30	★★★
7	4	30	★★★
7	8	38	★★★★
5	3	25	★★★
7	4	33	★★★★
6	6	31	★★★★

Essa tabela é uma forma de sublinhar também a importância de *observar a economia setorialmente*, nunca apenas do ponto de vista mais geral (a macroeconomia) ou mais restrito (apenas as qualidades de uma empresa).

São comuns declarações de executivos de empresas reclamando da escassez de profissionais especializados. Há uma percepção bastante ampla de que as universidades e os cursos técnicos ainda não formam os profissionais de que o mercado precisa.

No Brasil, o setor de serviços produz 55% da riqueza nacional (era 40% há 13 anos). A indústria caiu de quase 50% para 34%. Da agricultura sai apenas 12% do produto nacional. Esse é um dos motivos pelos quais, na tabela anterior, os setores mais vinculados às atividades primárias recebem notas menores. Eles tendem a perder peso na formação da riqueza nacional e, portanto, vão gerar cada vez menos empregos.

Ainda assim, em alguns casos há uns poucos empregos que são altamente valorizados em setores aparentemente pouco representativos. É o que ocorre na agricultura. De fato, o trabalho no campo em geral se dá em piores condições de remuneração. Mas a convergência da informática e da engenharia genética abre cada vez mais horizontes na biotecnologia, com aplicações agrícolas que podem criar muita riqueza. No lugar do lavrador, surgem empresas que tratam do agronegócio com alta tecnologia. A criação de animais com técnicas de clonagem não deixa de ser uma face tecnologicamente avançada de uma atividade milenar.

No pólo oposto, tanto nos países desenvolvidos como em algumas regiões do Brasil, já se nota um retorno das pessoas ao campo, muitas vezes para produzir alimentos de forma artesanal ou em quantidades limitadas, mas com tal qualidade que chegam a criar marcas que valorizam um produto aparentemente banal (queijo, vinho, patês, mel ou cogumelos medicinais etc.).

Profissões em setores que parecem destinados ao sucesso também podem sofrer o efeito de novas tecnologias. Há 30 anos, trabalhar numa empresa aérea parecia uma opção de luxo: somente os mais ricos e poderosos viajavam de avião, e era uma oportunidade de conhecer muitos países e trabalhar em turnos alternados. Com a massificação dos transportes aéreos e a brutal competição no setor, a profissão de piloto ou de comissário de bordo tornou-se menos glamourosa, multiplicaram-se as greves por melhores salários e condições de trabalho, e dezenas de companhias não suportaram a competição e faliram ou foram compradas pelas concorrentes, provocando demissões em massa e cortes de destinações menos lucrativas.

Assim, não basta identificar um setor em expansão, como serviços, para ter segurança quanto às condições futuras de emprego e salário. Se aumenta a importância dos serviços, aumenta a instabilidade também. Há segmentos que incorporam rapidamente novas tecnologias e muitas vezes não enfrentam a competição estrangeira (ninguém sai do país para ir a um restaurante, cortar o cabelo ou solicitar que lhe consertem o videogame).

O crescimento desordenado das grandes cidades também valoriza os serviços (escolas, por exemplo, pipocam em vários bairros, porque se torna inviável transitar pela cidade – cada bairro precisa da sua própria estrutura de serviços). Ao mesmo tempo, uma crise econômica ou a flexibilidade nas condições de remuneração significa que há mais riscos e, portanto, mais estresse. Apenas 25% das pessoas atualmente contratadas no setor de serviços têm carteira assinada (ou seja, férias remuneradas, 13º salário e fundo de aposentadoria, entre outros benefícios trabalhistas). No Brasil, metade das pessoas que trabalham nesse setor ganha menos de R$ 600 por mês. Nos EUA, os setores de serviços já produzem nada menos que 75% da riqueza nacional, mas também ocorre uma proliferação de empregos de baixa qualificação que acabam sendo mal remunerados (lanchonetes e telemarketing, por exemplo).

Há também quem acredite que o mundo passará no futuro por uma onda de desurbanização, com descentralização de pólos e ampliação do *telecommuting*. "Ir ao trabalho", numa economia virtual, significa usar apenas a *information highway*, isto é, tomar uma telecondução, pela rodovia da informação, para chegar ao escritório conectando-se por cabos de fibra ótica ou ondas de rádio retransmitidas por satélites.

Cabe muita coisa nisso que se define como "serviços" e "serviços profissionais". Com o corte de vagas nas empresas, a busca de alta produtividade e a intensa mudança tecnológica, ganharam evidência nos últimos anos a *terceirização* e a *consultoria*.

Na terceirização, a empresa (uma indústria, governo, comércio etc.) transfere a terceiros o que antes fazia por si mesma, da limpeza à manutenção de computadores, passando pelo treinamento e pela assistência médica. Em vez de contratar esses profissionais e assumir encargos com férias, previdência, horas extras etc., a empresa prefere contratar os serviços fora. Quem antes era empregado, passa à condição de "empresário" prestador de serviços. Como a tendência de corte de custos e enxugamento nas empresas parece irreversível, pode-se com relativa segurança afirmar que o futuro das profissões será em boa medida ditado pelo fenômeno da terceirização.

Uma conseqüência importante desse fenômeno é que o funcionário, transformado em microempresário, precisa não apenas conhecer a área em que atua, mas também desenvolver outras habilidades tipicamente empresariais (cuidar da contabilidade, do pagamento de impostos, da negociação de contratos, mas também do planejamento estratégico, do treinamento de sua equipe e de si mesmo).

Não é por acaso também que proliferam os cursos conhecidos como MBA (*Master in Business Administration,* ou Mestre em Administração de Empresas) para executivos. São cursos de especialização que estimulam a ilusão de que cada um pode ser um Bill Gates do seu setor, mas que, na prática, disseminam noções básicas de administração que se tornaram imprescindíveis para a dona de um salão de beleza, o administrador de uma empresa de segurança, o dono de uma farmácia ou o publicitário que atende a vários clientes ao mesmo tempo.

Claro que nem todo mundo tem os recursos, o tempo ou a disposição para aprender a ser empresário. É o que abre campo para outro filão: a consultoria.

Até mesmo setores-chave da inteligência das grandes empresas são terceirizados: da definição de campanhas de *marketing* à escolha de novas tecnologias, passando pela formulação de estratégias financeiras e, cada vez mais, pela solução de questões legais por meio de uma consultoria.

Os profissionais ou departamentos terceirizados, por sua vez, funcionam como empresas que também terceirizam, repetindo o ciclo e gerando exércitos de "consultores", que em muitos casos nada mais são que o funcionário terceirizado "ao quadrado" ou "ao cubo". O mais comum é que ex-funcionários criem suas próprias empresas e passem a prestar serviços ao antigo empregador.

Além do exame de setores econômicos e tendências de reorganização empresarial, é importante olhar o mundo através das classificações de artes e ofícios para obter mais informação. É o que se faz a seguir, a título de ilustração, para algumas categorias.

ADVOGADO

Lidar com leis, processos demorados, cartórios e tribunais talvez não seja uma atividade comumente associada à nova economia. No entanto, poucas profissões foram tão renovadas e se tornaram tão necessárias ao bom funcionamento das novas empresas quanto o ofício do advogado. Além disso, embora a sociedade brasileira não chegue perto dos EUA em termos de mentalidade litigiosa, temos bem concentrada na herança cultural uma dose gigantesca de burocracia, regulamentações e cartórios. Lidar com essa herança já é campo de trabalho para muitas gerações.

Mas, na economia do conhecimento, ganham evidência questões cada vez mais complexas relativas a propriedade intelectual, direitos autorais, patentes sobre produtos e processos, agências de regulação de padrões tecnológicos, regulamentação de setores privatizados e (nisto vai algum otimismo) uma tendência de crescente democratização da sociedade brasileira (o que significa ampliação da cidadania, com a correspondente inflação de novas regras e burocracias para garantir direitos e fazer aplicar a lei).

Não existe sociedade civilizada sem lei. As transformações tecnológicas apenas tornam mais complexas as regras que muitas vezes incomodam e atrapalham, mas que continuarão sendo uma garantia fundamental de desenvolvimento com justiça.

SERVIÇOS PESSOAIS

Na ópera *O Barbeiro de Sevilha,* de Rossini (1792-1868), o personagem central canta numa ária que ele é o *factotum de la città*, o faz-de-tudo, o quebra-galhos de toda a cidade. O barbeiro, assim como o encanador, o chaveiro, o zelador de prédio, o consertador de geladeira, terá sempre uma posição a ocupar. É difícil imaginar uma grande empresa multinacional interessada em administrar uma rede global de subcontratação de chaveiros especializados. Ou seja, serviços pessoais, principalmente quando associados ao cotidiano caseiro das pessoas, representam uma fonte inesgotável de pequenos negócios (e, claro, de rendimentos também pequenos).

De outro lado, certos serviços que até pouco tempo atrás eram caseiros ou pessoais, de pequena escala e muito simples, tendem a se tornar mais complexos e incorporar novas tecnologias, na medida em que os utensílios domésticos e mesmo as residências também incorporam novas tecnologias.

São cada vez mais comuns, por exemplo, os prédios inteligentes, para fins tanto residenciais quanto comerciais. Controle climático, de iluminação e de elevadores por computador, circuitos internos de TV para monitoramento de várias áreas internas, sistemas de comunicação e uma gama crescente de serviços passam a caracterizar empreendimentos de alto padrão. É evidente que, nesses casos, o zelador não poderá mais ser uma pessoa com formação deficiente, que no máximo dá um jeito na torneira ou faz pequenos consertos; terá de ser alguém capaz de operar um computador que coordena circuitos internos e sistemas às vezes maiores que os de muitas pequenas cidades brasileiras. Aliás, numa situação dessas, o zelador assume a condição de um síndico ou administrador qualificado, não apenas no uso de tecnologias mas na gestão de equipes.

Novos serviços são inventados continuamente. A Internet será cada vez mais um espaço onde as pessoas terão existência efetiva, no lugar do uso atual, concentrado sobretudo em serviços de correio e busca de informações. E, na medida em que os "espaços" virtuais da Internet ganham vida, eles também se assemelham a prédios ou mesmo cidades, onde surgem serviços novos, assim como alguns análogos aos de um zelador ou síndico. Nesses espaços, o próprio desenvolvimento das comunidades exigirá estratégias semelhantes às que hoje são desenhadas por políticos ou diplomatas. Será preciso entender o que se passa no interior do sistema, como se organizam os fluxos de comunicação e quais as necessidades e carências dessas comunidades e ajudar a atendê-las.

Nos EUA, já existem pessoas com esse tipo de função, ganhando cerca de R$ 250 mil por ano. A comunidade em questão pode ser a de aficionados de um esporte ou a de consumidores de um certo produto. O "síndico virtual" poderá ser nomeado pelos membros da comunidade e trabalhar voluntariamente, mas também poderá ser o funcionário de uma empresa interessada em prestar melhores serviços à sua comunidade de clientes.

SERVIÇOS DE ENTRETENIMENTO

Obviamente, havia mais mercado de trabalho para cavalariços antes da invenção do carro. No entanto, há uma grande variedade de ocupações quase artesanais que ganha valor paradoxalmente na era do computador e da automação. Quando se fala na expansão do setor de serviços, destaca-se a importância crescente de segmentos como hotelaria e entretenimento. Nesses casos, cozinheiros e *crooners*, por exemplo, e, de modo geral, prestadores de serviços para hotelaria e segmentos de entretenimento são carreiras que não são novas, mas que têm futuro. Quanto à posição que se vai ocupar (arrumadeira do quarto ou *chef* do restaurante temático), isso obviamente vai depender do grau de qualificação do candidato: fez cursos de culinária e gastronomia ou é autodidata?

DESIGNERS

Agora tudo é design. Um exemplo foi o lançamento de uma nova linha de computadores Macintosh (conhecidos como iMacs). Não houve nenhuma grande mudança no hardware ou no software que constitui os sistemas dessa fábrica, comercializados no mundo inteiro. Mas houve uma pequena revolução nas vendas e no gosto dos consumidores com o lançamento de computadores coloridos, de design arrojado, que se pode até usar como enfeite em casa, além de ferramenta de trabalho.

Design, no entanto, não é apenas uma função específica do projetista industrial, do técnico-artista que procura formas novas de desenhar objetos. O que se constata atualmente é que há design em toda forma de organizar processos, mecanismos, máquinas, imagens e marcas. O design perpassa o sistema econômico, da engenharia genética que trabalha com a forma e o tamanho de frutas e verduras ao novo modelo de computador que revaloriza sua marca jogando com sentimentos de criatividade e ruptura de padrões.

Os mais sofisticados designers trabalham com o conceito de "design total". É o caso da Hirano Designs, em Tóquio, empresa cujos fundadores auxiliaram a desenhar algumas das políticas industriais que fizeram do Japão uma referência mundial em qualidade de produtos.

Nessa empresa há equipes de trabalho em que se incluem engenheiros de software, técnicos de marketing e outros profissionais, cada equipe tratando de um produto específico. Mas eles não cuidam apenas do desenho do produto. O "design total" abrange o conceito que organiza o processo completo de produção, distribuição e publicidade de uma linha de produtos.

Essa idéia de design como uma ferramenta que organiza o empreendimento e que diferencia o produto e a empresa tende a ser um dos principais pólos de atração de cientistas e artistas, pois exige uma combinação de arte, técnica e ciência.

Arquitetos, artistas plásticos, administradores especializados em marketing, engenheiros das mais variadas áreas têm as suas profissões revalorizadas pela importância do design na nova economia.

ENGENHEIROS

Engenheiros têm sido profissionais onipresentes: eles podem projetar a construção de uma estrada, mas também podem ser encontrados numa tesouraria de banco. O engenheiro é filho da Revolução Industrial, e, como a automação tem apenas crescido, engenheiros sempre serão requisitados.

No entanto, justamente por refletir de modo tão direto a força da técnica na sociedade contemporânea, o engenheiro é também uma de suas maiores vítimas, pois a rápida dinâmica econômica e tecnológica torna certas especializações da engenharia totalmente obsoletas. No Brasil, ficou famosa uma lanchonete na avenida Paulista que se chamava O Engenheiro que Virou Suco. É que a engenharia civil, depois que se esgotaram os megaprojetos de infra-estrutura patrocinados pelo Estado brasileiro no início dos anos 70, entrou em crise.

Muitos engenheiros deram uma resposta bastante rápida e se deslocaram, já nos anos 80, para o setor onde se negociavam (e se lucrava com isso) os termos da dívida externa contraída para financiar aqueles megaprojetos: o sistema bancário. Fizeram MBA ou cursos de pós-graduação em finanças, passaram por uma reciclagem e encontraram novas oportunidades de emprego.

Ou seja, a engenharia é sem dúvida uma das carreiras com maior flexibilidade e rapidez de resposta a mudanças nas condições ambientais, dada a sólida formação em matérias científicas e instrumentais combinada com o pragmatismo como princípio e fim.

FILÓSOFOS, ANTROPÓLOGOS E SOCIÓLOGOS

As ciências sociais sempre foram vistas como uma espécie de antípoda da engenharia: pouco pragmáticas, procuradas por idealistas ou críticos do sistema capitalista. No entanto, essa imagem não corresponde à realidade, no Brasil ou no resto do mundo.

A filosofia, a sociologia e a antropologia são cada vez mais requisitadas na análise e no desenho de sistemas tecnológicos complexos, em processos de fusão e aquisição de empresas ou na formulação de estratégias de mercado.

Um exemplo: a empresa de consultoria Business Design Associates, de São Francisco, remodelou a Cementos Mexicanos (Cemex, uma das maiores do mundo em seu setor), aumentando suas vendas e reformulando suas estratégias de marketing e de financiamento, aplicando conceitos desenvolvidos a partir da filosofia de Martin Heidegger (1889-1976), um dos precursores do existencialismo.

Em processos de fusão ou de aquisição de empresas, em geral ocorrem verdadeiros choques culturais. Para administrar o choque e permitir a transição a uma nova cultura organizacional comum, são contratados especialistas em antropologia. É que o estudo de tribos indígenas expostas a choques culturais exigiu dos antropólogos ferramentas e conceitos que, em outros contextos de choques "civilizacionais", ganham enorme relevância.

Grandes obras de infra-estrutura, como a construção de hidroelétricas ou de aeroportos, exigem desapropriações e investimentos que alteram por completo a organização social de vilas, bairros, cidades e regiões. Nesses casos, além do estudo e do controle dos impactos ambientais, é necessário realizar estudos de impactos sociais e políticos que, em algumas situações, são decisivos para a aprovação de um financiamento público ou de um empréstimo bancário que viabilize a obra.

Fazer pesquisa de mercado (perfil de consumidores, segmentação por poder aquisitivo e outros hábitos) continuará sendo uma necessidade cuja satisfação exige a contratação de sociólogos. A organização de empresas e mesmo a elaboração de filosofias empresariais ou modelos de cultura organizacional também requer profissionais acostumados a estudar costumes de tribos primitivas, ou conflitos pelo poder nas mais diferentes sociedades.

Há muitas outras dimensões empresariais e tecnológicas em que cientistas sociais se destacam fora dos muros da academia ou das organizações sociais. Ao mesmo tempo, na medida em que a nova economia exige criatividade e abertura de novas percepções da realidade e do mercado, todo e qualquer profissional é um leitor potencial de filósofos, antropólogos e outros cientistas sociais.

ECONOMISTAS

O economista, no Brasil, alcançou um destaque profissional que reflete a própria instabilidade que marca a histórica econômica do país. As necessidades de ministros, presidentes e diretores de banco central nos últimos 20 anos mostraram a utilidade de tantas boas escolas de economia no Brasil, que por sua vez aumentaram sua clientela com os fracassos sucessivos e retumbantes de professores-doutores e eminências associadas.

De outro lado, a formação do economista, assim como a do administrador de empresas, é obviamente necessária (embora não seja a única via de acesso) e contribui para a evolução dos negócios e dos governos. Um empresário precisa entender um mínimo de economia, e o mesmo se aplica a um prefeito ou governador, para poder avaliar as sugestões e conselhos que são apresentados por consultores, técnicos, políticos e cidadãos.

MÉDICOS E ASSISTENTES SOCIAIS

A saúde pública no Brasil continua deixando muito a desejar. Há déficit na qualidade e na quantidade de serviços oferecidos. O governo se preocupa mais com o déficit no financiamento ao setor (em geral "resolvido" com o corte de gastos, que apenas piora o déficit de qualidade e quantidade).

Novamente, um diagnóstico do futuro da economia e das finanças públicas é crucial para avaliar a perspectiva de profissões ligadas à saúde pública. Na saúde privada, como a elite que pode gastar com cirurgias plásticas por razões estéticas é obviamente reduzida, não adianta escolher uma celebridade como o dr. Ivo Pitanguy, que até ilha particular tem, como um exemplo a ser seguido. A falência da saúde pública, no entanto, tem levado a elite de alto poder aquisitivo a consumir cada vez mais planos de saúde, serviços de atendimento a domicílio, terapias alternativas e serviços como clínicas de emagrecimento ou desintoxicação. No campo acadêmico, no Brasil, existem várias ilhas de excelência e inúmeras oportunidades de desenvolvimento tecnológico.

A demanda por serviços sociais obviamente existe e é muito ampla (para crianças, adolescentes, adultos e idosos). Mas entre essa demanda e sua realização se interpõem condições econômicas ainda lamentáveis e um país que exibe um dos mais elevados índices de desigualdade na distribuição de renda. No Brasil, segundo a *Síntese dos Indicadores Sociais 1999* (IBGE), 1% da população mais rica detém 13,8% da renda nacional, enquanto os 50% mais pobres sobrevivem com 13,5% dessa renda. O salário médio dos 40% mais pobres corresponde a R$ 125, enquanto a remuneração média dos 10% mais ricos é de R$ 2.500, ou seja, 20 vezes a dos mais pobres.

O setor de saúde é mais um exemplo, talvez o mais notório, em que apenas a melhoria nas condições de cidadania permitirá uma ampliação das oportunidades reais de emprego e desenvolvimento profissional.

3. PROFISSÕES *DO* FUTURO

Os especialistas estão perdendo mercado para profissionais multifuncionais. Com o processo de enxugamento e redução dos níveis hierárquicos, as empresas passaram a valorizar profissionais capazes de atuar em diferentes segmentos e, sobretudo, com visão global e estratégica do negócio. "Mais do que a função, as empresas focam resultados", diz Guilherme Velloso, da PMC Amrop. O generalista de hoje é muito diferente daquele que havia no mercado dez anos atrás, o famoso especialista em generalidades. O profissional requisitado pelas companhias precisa saber muito sobre várias áreas. Mas ninguém começa como generalista. O título é normalmente conquistado por seniores, que já tiveram a possibilidade de acumular experiência em diferentes segmentos. Uma das fórmulas utilizadas pelas empresas para "generalizar" o funcionário é a job rotation, *prática que alterna o empregado em diversas funções. Até mesmo o treinamento, que antes buscava a especialização, agora é voltado para a estratégia e visão global da empresa. Na*

Fibra Du Pont, os supervisores e gerentes enfrentam cem horas de aula para saber mais sobre a organização e o mercado. As empresas que atuam em setores mais técnicos, as que montaram há pouco tempo ou estão compondo seu quadro privilegiam a visão estratégica.

Gazeta Mercantil, 28 out. 1998,
reportagem de Daniela D'Ambrosio

"Perdendo mercado": eis o horizonte aterrorizador. Mas essa reportagem parece dar o caminho das pedras, colocando em evidência as declarações de um empresário sintonizado com as tendências do mercado de trabalho. "Mais do que a função, as empresas focam resultados", ele adverte. Mas é aí que começam novas dificuldades: resultados da empresa ou do "funcionário" (aparentemente, até a palavra "funcionário", que obviamente remete a "função", perdeu sentido)?

Há pelo menos três questões distintas implícitas no discurso do empresário:

1. nova definição dos recursos humanos que as empresas procuram;
2. nova organização das empresas para acomodar esse tipo de recursos;
3. horizonte de tempo com que trabalham o "funcionário" e a empresa.

De imediato surge uma indicação inquietante: "o generalista de hoje não tem nada a ver com o de dez anos atrás". Em vez do especialista em generalidades, é preciso gente que saiba muito sobre várias coisas. Talvez não se trate propriamente de um generalista, mas de um indivíduo com múltiplas habilidades. Ou seja, não é o fim da "função", mas a valorização do profissional "multifuncional", capaz de exercer várias funções. Há portanto outro conceito em jogo, a *job rotation*: submeter um indivíduo a várias tarefas (*jobs*). O trabalhador deve ser capaz de:

1. aprender várias habilidades e assim se tornar multifuncional;

2. conhecer várias dimensões da atuação da empresa, para entender melhor seus objetivos e contribuir para o aperfeiçoamento dos meios disponíveis para alcançá-los (a tal visão "estratégica").

E quais são as habilidades? A reportagem sublinha *job rotation* (rodízio de tarefas). Mas o rodízio, em si, pode levar o indivíduo a conhecer um pouco de cada área, superficialmente, sem que se torne alguém que de fato conhece a fundo várias. A não ser que o novo generalista que as empresas procuram, seja qual for o seu diploma, mostre-se alguém capaz de desenvolver, a qualquer momento, *habilidades* (isto é, ter a capacidade de se renovar), importando menos o conhecimento específico que ele tenha sobre esta ou aquela área.

Dois especialistas brasileiros, Afonso Fleury e Maria Tereza Leme Fleury, tratam do assunto em *Estratégias Empresariais e Formação de Competências* (ver a Bibliografia, no final do livro). O essencial é compreender a *competência* como "inteligência prática de situações". As situações mudam, mas com base nos conhecimentos já adquiridos a pessoa vai sempre mobilizar novos recursos para enfrentar novas situações.

Dessa perspectiva, *multifuncional* significa menos a disposição a aprender várias especialidades e muito mais as capacidades necessárias para sobreviver ao rodízio, entre as quais se inclui em primeiro lugar a *capacidade de comunicação* (compreender o outro e a si mesmo, entrar em acordo, negociar termos de uma relação, compartilhar normas e valores e cultivar uma visão estratégica).

O generalista em questão não é o que sabe muito de várias coisas, mas sim aquele que está *permanente-*

mente apto a aprender e reaprender, captar e reciclar informação. Segundo os Fleury, "o trabalho não é mais o conjunto de tarefas associadas descritivamente ao cargo, mas torna-se o prolongamento direto da competência que o indivíduo mobiliza em face de uma situação profissional cada vez mais mutável e complexa" (p. 20).

O futuro do profissional, portanto, em todas as áreas, em qualquer tipo de empresa, em qualquer departamento, depende de sua capacidade de aprendizado permanente. Não é por acaso que as empresas realmente competitivas e dinâmicas passaram a ser conhecidas como organizações "aprendizes" ou "de aprendizado" (em inglês, *learning organizations*).

E não é apenas o indivíduo que precisa estar apto a aprender o tempo todo. Aliás, isso é necessário porque é a empresa que precisa ser uma organização capaz de aprender o tempo todo. E a razão é bastante simples: as tecnologias mudam, a competição com outras empresas e outros países é crescente, as regras mudam, os ciclos econômicos tendem a ser mais intensos e menos previsíveis. As profissões do futuro, ou melhor, *a* profissão do futuro, em todas as áreas, parecem portanto ser a de um eterno aprendiz, estudante ou pesquisador.

Surge uma característica básica dos novos tempos, a partir da qual todas as profissões, empresas, organizações e carreiras são redefinidas: a disposição e a capacidade de aprender sempre. Capacidade que se contrapõe a um velho mundo onde o mais importante era a especialidade já desenvolvida, o diploma já registrado no currículo, os cargos já ocupados. Num mundo competitivo e sujeito a choques de inovação tecnológica, o jogo é outro e as regras não param de mudar.

Mas aprender leva tempo, por mais que a fórmula *on the job training* (treino ou aprendizado enquanto se trabalha) seja cada vez mais difundida. E há cada vez menos garantias de que o tempo do funcionário coincida com o da empresa. É necessário muito cuidado para não ser embalado docemente no discurso que faz da empresa o "lar", a "família" ou o "time" do funcionário.

Em parte, a empresa tenta criar uma cultura própria, de modo a obter o máximo de compromisso (e portanto de resultados) de cada funcionário. Ao mesmo tempo, é crucial checar se junto com esse discurso há acesso aos frutos do esforço, como são distribuídos os resultados financeiros, qual a política de educação continuada e requalificação permanente que a empresa oferece. Afinal, nada garante que o desenvolvimento do indivíduo e o da empresa estejam na mesma escala de prioridades das duas partes ou no mesmo horizonte de tempo. Ainda que, em tese e no discurso, haja uma convergência entre esses vários níveis (indivíduo, equipe, empresa).

Mais que nunca, é crucial acompanhar o contraponto entre a velha e a nova economia, entre os modelos tradicionais e os inovadores no mercado de trabalho, entre o que antes tinha valor e o que agora passará a valer na competição por trabalhos interessantes e motivadores. Uma boa forma de exercitar a percepção dessas diferenças é ficar atento às seguintes distinções:

1. especialista x generalista
2. função x resultados
3. especialista em generalidades x várias especialidades x capacidade de aprender sempre
4. senioridade e experiência x flexibilidade e adaptação
5. treinamento x vivência
6. visão burocrática x visão do negócio
7. visão de curto prazo x visão estratégica
8. foco na organização x foco no mercado e na sociedade

9. formação x *on the job training* (requalificação na empresa) e *job rotation* (rodízio de tarefas)

10. resultados para o indivíduo x resultados para a empresa.

Outra maneira de fixar essas distinções é observar as listas seguintes e pensar no que cada uma dessas idéias pode significar. Um cuidado é importante: não confundir nova economia com Internet ou comércio eletrônico. A novidade está na prioridade do conhecimento, o que vai além do uso em si de novas tecnologias. Pensar e avaliar profissões, empresas e postos de trabalho, desse ponto de vista, exige uma conscientização das seguintes características:

Velha Economia	**Nova Economia**
carreira numa empresa	vários empregos
emprego estável	trabalhos e projetos
especialização	habilidades múltiplas
linearidade, carreira	mudanças de órbitas e trajetórias
técnica define situação	situação define técnica
funcional	criativo
empresa	organização
hierarquia rígida	redes flexíveis
província	globalização
racionalidade	percepção
acumulação	renovação
informação	formação
material	virtual

4. TRABALHAR: QUESTÃO DE PERSONALIDADE

As profissões e os setores econômicos do futuro – em qualquer área do conhecimento – podem ser avaliados segundo critérios objetivos (ambiente, emprego, condições de trabalho, remuneração, estabilidade – ver Capítulo 2). Mas existe uma dimensão subjetiva que não deve ser esquecida. Tanto na avaliação de oportunidades no mercado quanto na auto-avaliação, é essencial levar em conta os contornos e inclinações da personalidade.

Em tese, talvez todos quisessem chegar ao topo da carreira, ganhar os salários mais altos, mandar e liderar, sempre numa empresa sólida e dominante nos mercados em que atua.

Mas essa é uma forma linear de encarar o mercado de trabalho, a empresa e o desempenho profissional. A relação entre personalidade e trabalho precisa ser colocada de modo mais amplo. Pode parecer um procedimento impressionista ou vago demais. Porém, cada vez mais as empresas dão atenção a traços de personalidade, que às vezes contam mais que o diploma ou o domínio de um software qualquer. As técnicas mudam. Qualquer ferramenta pode ser aprendida. Mas capacidade para liderar, habilidade no relacionamento e outras dimensões psicológicas raramente são aprendidas ou transformadas rapidamente.

Essas questões estão presentes no cotidiano das empresas de recrutamento (*headhunting*, ou caçadores de cabeças) e recolocação (*outplacement*, que ajudam um trabalhador a encontrar uma empresa mais adequada a seu perfil). Há uma variedade de critérios e técnicas usados para montar perfis comportamentais. Uma das conclusões é que nem todos dão o mesmo valor ou a mesma prioridade a objetivos como chegar ao topo da empresa, liderar ou ser um novo George Soros.

Ao mesmo tempo, dentro de uma empresa também ocorrem processos de *headhunting* e *outplacement* de modo quase permanente: não se trata apenas de fazer com que as pessoas passem pelo maior número de cursos ou programas de treinamento, que tenham experiência nos vários departamentos ou países onde opere uma transnacional.

É que o administrador de garra e criativo pode ter sido contratado e estar trabalhando na área de administração de estoques ou de informática. O líder de equipes pode estar sendo subaproveitado num departamento de pesquisa ou de atendimento a clientes, áreas em que outras habilidades técnicas e pessoais que ele também possui foram mais valorizadas num primeiro momento. Ou seja, fazer carreira e seguir trajetórias inovadoras não é apenas uma questão de mudar *de* empresa, mas também de mudar *na* empresa.

Essa mudança pode ser estimulada por departamentos de recursos humanos, mas alguns especialistas falam na existência também de "buracos estruturais" nas empresas. São brechas que favorecem as chances de movimentação dentro do sistema ou que revelam falhas no controle de autoridades centralizadoras. São vagas que nunca aparecem como oportunidades de promoção anunciadas na pirâmide burocrática tradicional. Mas somente quem gosta de arriscar e tem nervos ou estrutura para enfrentar a ambigüidade e a incerteza pode explorar essas oportunidades organizacionais. Ou seja, há uma questão de caráter, que pode ser decisiva nas chances de progresso intelectual e financeiro de cada um.

Os teóricos da administração falam cada vez mais em trabalho de equipe, formação de redes (*networking*), criatividade, pesquisa e desenvolvimento como pilares da empresa no século 21. E torna-se igualmente claro que travar batalhas burocráticas dentro da empresa ou organização, fazer marketing de si mesmo ou escolher como critério absoluto apenas o nível salarial nem sempre são caminhos que conduzem à criatividade, à solidariedade em equipes ou mesmo ao entendimento adequado dos objetivos estratégicos da empresa.

Nem sempre o chefe é tão poderoso assim, e nem sempre o cargo mais valorizado é o de chefia. Em outras palavras, mesmo que todos almejem o sucesso, o significado da idéia de "sucesso" e os sacrifícios que se precisa suportar para obtê-lo variam muito ao longo do tempo. É crucial estar atento a perfis de comportamento existentes mas também procurar desenvolver novas atitudes. Fazer carreira é, cada vez mais, ser capaz de desenvolver a própria personalidade, lidar com traços de caráter, enfrentar bloqueios psicológicos.

Uma forma de organizar esse campo subjetivo é listar fatores que ajudam a caracterizar um perfil profissional. Cada empresa, avaliando os candidatos a um emprego ou monitorando o grupo de trabalhadores sob seu sistema gerencial, estará avaliando também o perfil psicológico, ético e comportamental de cada indivíduo para verificar se há sinergias entre os membros de várias áreas e equipes, se cada peça se encaixa nas prioridades da empresa ou do departamento em que há uma posição em aberto ou que está tendo um desempenho abaixo do esperado. Os testes são feitos geralmente por meio de uma bateria de questionários e entrevistas, a partir dos quais os *headhunters* ou diretores de recursos humanos avaliam os candidatos (a tabela da página seguinte ilustra alguns dos tópicos que são levados em consideração em testes desse tipo).

Em alguns casos, cargos de chefia são monitorados por meio de sofisticados sistemas de acompanhamento emocional. Equipes interdisciplinares, com psicólogos, filósofos e consultores, dedicam-se a criar sistemas de avaliação da *inteligência emocional* de indivíduos e equipes. Em algumas empresas, são oferecidos benefícios como, por exemplo, apoio financeiro e cultural a familiares, para tentar integrar ao máximo um profissional qualificado na cultura da empresa. Planos especiais de saúde são oferecidos, com reembolsos para despesas como, por exemplo, psicoterapia.

É importante exercitar a busca permanente de uma visão refinada a respeito das *prioridades existenciais* que se tenham. Essa é uma das chaves do sucesso do profissional no futuro, seja qual for o seu nível hierárquico na empresa. Será exigida das pessoas a capacidade de combinar habilidades técnicas e avaliação de

Personalidade x Opção Profissional

Tente avaliar qual a ordem de prioridade entre esses aspectos na sua carreira

Salário
Maximizar resultados da empresa
Entrosamento na organização
Localização geográfica da empresa
Oportunidades de subir ou mudar de funções
Participação da empresa no mercado
Interesse pela função em si
Oportunidades para ampliar responsabilidades e liderar
Participar de uma inovação empresarial histórica
Manter o equilíbrio entre trabalho e vida pessoal/familiar
Participar nos resultados da empresa
Estabilidade e previsibilidade
Trabalhar numa empresa socialmente responsável

interesses, gostos e preferências, valores éticos e objetivos mais amplos na vida.

Na medida em que o marketing e as estratégias de muitas empresas passam a envolver dimensões simbólicas e relacionadas à responsabilidade social, é decisivo, por exemplo, colocar numa posição de liderança e de alta visibilidade externa pessoas que tenham convicções e capacidade de diálogo, sensibilidade para problemas sociais e visão aprofundada das questões da cidadania.

Numa situação de crise, não basta pôr na televisão, para dar entrevistas, um executivo que domina a tecnologia. Se houve um acidente que poluiu o meio ambiente, ou mesmo tirou vidas, é preciso demonstrar sensibilidade para identificar os prejudicados e responder adequadamente à imprensa, às famílias e às populações atingidas. E, mesmo quando a situação não é de crise, estar atento a essas dimensões pode ser parte central da estratégia de desenvolvimento dos negócios da empresa.

No entanto, é comum vermos burocratas e executivos, do setor público ou do privado, reagindo com raiva, indiferença ou hipocrisia a situações em que seriam cruciais habilidades como humildade, disposição a aceitar pontos de vista divergentes, cuidado com interesses alheios e disposição a negociar e implementar soluções complexas e demoradas. Contudo, qual o curso de engenharia, administração ou medicina que dá a devida importância a esses aspectos subjetivos e até políticos do desempenho profissional?

Ora, se as empresas têm sido avaliadas por meio de filtros e critérios dessa natureza, os profissionais e as instituições que os formam deveriam estar cada vez mais atentos a dimensões de personalidade e caráter. E a mesma preocupação deveria estar presente nos cálculos e projetos de cada indivíduo, ainda que a competição por espaços e empregos normalmente tenda a gerar ressentimentos e invejas, para não falar em paranóia.

Vai-se tornando cada vez mais claro também que ninguém é apenas "bom" ou "mau", que as questões de conflito de personalidade, as tensões emocionais e as atitudes destrutivas são inevitáveis na vida de todos. Mas o que interessa às empresas não é contratar monges ou indivíduos puritanos, e sim pessoas que sejam flexíveis também no sentido emocional e afetivo. Essa flexibilidade, como ocorre com os músculos, existe apenas na medida em que é exercitada, ainda que os exercícios (de autocrítica, de superação de traumas, de enfrentamento de bloqueios etc.) sejam muitas vezes dolorosos e aparentemente impossíveis de realizar de modo sistemático e permanente.

Novamente, no entanto, isso que sem dúvida surge como exigência da empresa competitiva e do profissional competente corre o risco de não passar de utopia, na maioria dos países e empresas. Mas é inútil descartar o problema apenas porque ele é de solução difícil e cara. Numa economia em que a acumulação de capital depende cada vez mais de redes de conhecimento, as patologias emocionais e cognitivas tornam-se tão ou mais perigosas, para as empresas e para os países, que as doenças mais tradicionais associadas a novas tecnologias, como as lesões por esforços repetitivos, típicas de quem lida com teclados de computador e mouses por horas a fio.

Aqui, no entanto, vale uma idéia que foi bem resumida pelo escritor americano Mark Twain (1835-1910): é impossível confiar em nossa capacidade de julgar e analisar quando a própria imaginação está fora de foco. A busca desse foco que amplia os poderes de imaginação, condição para o trabalho saudável e criativo, é uma exigência da vida profissional, tão crucial quanto fazer o máximo de cursos de reciclagem ou de desenvolvimento de habilidades específicas (como línguas, ou técnicas de falar em público e organizar reuniões).

5. AUTOMAÇÃO X HUMANIZAÇÃO

O futuro das profissões depende do setor econômico, da capacidade de combinar habilidades específicas com outras competências e mesmo do perfil psicológico dos indivíduos. Fala-se cada vez mais em *novas profissões* no sentido estrito, ou seja, ocupações, especialidades e mesmo setores econômicos que simplesmente não existiam no passado. Para os mais otimistas, surge uma nova economia, a partir dos mercados virtuais e da disseminação de novas tecnologias.

Outros antecipam o surgimento de profissões e necessidades de mercado que serão menos o resultado do avanço tecnológico e mais uma decorrência do encolhimento do Estado e das funções públicas que esse tipo de instituição exerceu nos últimos 200 anos. Ou seja, a mudança no caráter da atividade política e dos espaços públicos daria margem a novos setores e ocupações.

Finalmente, há quem imagine que estão surgindo profissões não propriamente novas, mas de importância a tal ponto crescente que elas assumem um novo caráter, por motivos culturais.

Exemplos de Profissões do Futuro	
fator determinante	
tecnológico	designer, gerente de comunidades, engenheiro genético
político	gerente de ONG, marketeiro político, assistente social
cultural	terapeuta, produtor cultural, missionário

Os setores de entretenimento e turismo, as organizações não-governamentais e o terceiro setor, atividades em educação, ciência e tecnologia, tudo o que se refere a informática e, de modo geral, a capacidade de ser empreendedor despontam lado a lado com funções de apoio religioso (monges e pastores), atividades artísticas e de produção cultural.

Por enquanto, as atenções estão mais voltadas para as novas ocupações exigidas pela construção de uma nova infra-estrutura tecnológica. Ganham espaço engenheiros de redes, programadores, administradores e especialistas em logística industrial, especialistas em vários segmentos de telecomunicações, editores de Websites e pessoas com as mais diferentes formações que se preparam para trabalhar no universo do comércio eletrônico. Nesses setores o mercado é praticamente cinco-estrelas, com pouca disponibilidade de mão-de-obra e salários em alta.

As mudanças tecnológicas afetam todos os setores e são capazes de gerar (e não apenas destruir) empregos. Na metalurgia, por exemplo, uma das mais antigas tecnologias da sociedade civilizada, as máquinas com controle numérico computadorizado provocam um aumento na procura de pessoal qualificado para operar esses equipamentos. Ou seja, a nova tecnologia produziu novas exigências de qualificação num setor da velha economia que não está condenado a desaparecer.

É importante estar atento à política, desde as decisões de política econômica até a política dos sindicatos, passando por algo bem mais abstrato e etéreo: a completa reformulação e, em muitos casos, eliminação do Estado. É a privatização, que começou com empresas (siderúrgicas, empresas de telefonia ou bancos), mas também avança rapidamente para setores de serviços.

Da segurança à saúde, passando pela educação, pelo atendimento à terceira idade, pela manutenção de praças e teatros ou pela administração de redes de energia ou saneamento, empresas de todos os portes estão surgindo com novas funções e ocupações, que antes eram preenchidas por concurso, indicação ou promoções e transferências internas ao próprio setor público. A reforma do Estado gera serviços de consultoria e novas modalidades de organização social. Embora geralmente dominado por grandes empresas, esse universo de oportunidades e colocações profissionais poderá no futuro acomodar também empresas menores e prestadores de serviços individuais.

Para alguns sociólogos, a sociedade do futuro dará importância crescente a "analistas simbólicos" e funcionários ligados ao complexo industrial do lazer e do entretenimento. A indústria cultural também se beneficia de inovações tecnológicas (cresce, por exemplo, o número de artistas que se lançam ao mercado por meio da Internet, caso dos músicos que usam a tecnologia MP3 de distribuição de música digital). Jornais, revistas e projetos culturais estão ganhando espaço com a proliferação e o barateamento de tecnologias nas áreas de áudio, vídeo e editoração eletrônica.

Outra área de forte crescimento e vizinha às atividades culturais é a religião. As novas religiões em vários países empregam cada vez mais gente e acumulam muita riqueza. As religiões prestam seus serviços usando meios sofisticados. Verdadeiros impérios de telecomunicações controlados por organizações religiosas têm surgido com rapidez no Brasil e em outros países.

O mundo está sendo atravessado por duas tendências antagônicas mas simultâneas. De um lado, desde o início das transformações que culminaram no surgimento do sistema industrial, a sociedade convive com a maquinização, a automação, a robotização. Essa tendência sempre teve forte impacto na imaginação das pessoas: desde o velho Frankenstein, que já era o produto de um laboratório, da ciência e da engenharia, até os mais recentes Robocop (policial robô) ou Cyborg (novamente na área policial, novamente um organismo cibernético), passando pelos "replicantes", meio humanos, meio robóticos, que no filme *Blade Runner* (1982) sugeriam uma proliferação de formas sintéticas de vida. Esses personagens e obras de ficção sem dúvida refletem mudanças cruciais no mundo do trabalho (no caso dos replicantes, tratava-se de seres desenhados geneticamente com a missão precípua de trabalhar em planetas insalubres).

Ao mesmo tempo, a humanidade parece permanentemente seduzida por uma tendência contrária, uma espécie de síndrome de Pinóquio, o pequeno boneco de madeira (ou seja, artefato, produto tão sintético quanto um robô) que ganha vida e espiritualidade, que se educa, que erra e aprende, que é antes de mais nada vítima de falhas humanas (no seu caso, a mentira), mas que resume simbolicamente a importância de certos valores e de uma moralidade.

Num sentido, a mecanização e a automação, a robotização de tarefas antes realizadas por seres humanos. No sentido contrário, a espiritualização dos artefatos, a busca constante de crescimento cultural e de conteúdos espirituais, éticos ou religiosos. A humanização das relações de trabalho e a percepção de que competitividade e eficiência dependem de criatividade, liberdade, solidariedade – valores produzidos cultural e socialmente, nunca por máquinas.

As duas tendências ocorrem simultaneamente. E raramente de modo equilibrado. Ao contrário, a violência ainda predomina.

A robotização, a mecanização e a automação continuarão destruindo postos de trabalho e abrindo oportunidades de redução de custos e riscos em processos industriais e de prestação de serviços.

Ao mesmo tempo, há uma demanda permanente, e, segundo os mais otimistas, crescente, pela humanização dos serviços, pela ampliação dos espaços de lazer e solidariedade, com a espiritualização dos objetos, a ritualização das rotinas e a disseminação do entretenimento e da qualidade de vida como prioridades sociais.

Resta saber se haverá tempo, recursos e políticas (tanto de empresas quanto de governos) capazes de promover uma transição menos dolorosa e acidentada entre a destruição e a criação de empregos provocadas por fatores tecnológicos, econômicos, políticos e culturais.

6. CRIATIVIDADE NO CAOS

Mercados em mutação, setores incorporando novas tecnologias, funções dando lugar a habilidades e competências, traços da personalidade ganhando tanta importância quanto um diploma e tendências conflitantes de automação e de humanização: até agora indicamos como o futuro das profissões está condicionado por cada um desses elementos.

Pode-se dizer que cada um desses fatores remete a uma disciplina do conhecimento (economia, engenharia, psicologia e política) e que esses quatro elementos interagem. Dessa interação resulta uma rede conceitual e uma série aberta de campos práticos. Levar em consideração esses fatores e buscar informação a partir dos critérios que eles sugerem são formas de organizar o caos transformador em que estão envolvidas as sociedades contemporâneas.

Mas, ao mesmo tempo, os especialistas em teoria das organizações, os analistas do mercado de trabalho, os cientistas sociais, economistas e burocratas estão se dando conta de algo desconfortável. Esse "algo" foi denunciado há mais de cem anos pelo genro de Karl Marx, o socialista Paul Lafargue, citado na epígrafe deste livro: ao caírem presas da "paixão moribunda do trabalho", os "padres, os economistas, os moralistas sacrossantificaram o trabalho".

Em outras palavras: estamos tentando organizar o caos, mas até que ponto isso é realmente possível? Queremos mobilizar ferramentas e *insights* de disciplinas do conhecimento. Mas qual o limite desse esforço de organização? Até que ponto os processos caóticos que caracterizam os sistemas complexos são passíveis de modelagem, permeáveis à razão, traduzíveis em receitas e políticas? Será que esse esforço de racionalização, de organização e controle, de gestão do conhecimento e das práticas profissionais vale a pena ou é, em última análise, possível?

Cem anos depois de Marx e Lafargue, os administradores do próprio sistema capitalista percebem que a utopia de forçar os limites do sistema para melhor controlá-lo (ou para encontrar, dentro dele, as melhores soluções) pode afinal de contas apenas diminuir a eficiência do próprio sistema.

Para um desses teóricos, isso é uma lei de todo sistema, uma espécie de efeito colateral inevitável quando se imagina que a solução dos problemas, como acreditava o cavalo Boxer no livro *A Revolução dos Bichos*, de George Orwell, é *esforçar-se cada vez mais*. Esse teórico é Peter M. Senge, autor de *A Quinta Disciplina*, obra que marcou, em 1990, uma nova fase de entendimento sobre o mundo do trabalho e das organizações.

A nova economia é baseada em conhecimento, inovação e criatividade. Senge insiste na existência de uma lei derivada da teoria dos sistemas que diz: intervenções bem-intencionadas no sistema geram respostas do próprio sistema que anulam os benefícios da intervenção.

O fenômeno recebeu um nome cibernético: *compensating feedback*, ou seja, uma realimentação compensatória, uma solução que cria mais problemas do que aqueles para os quais seria uma resposta adequada. Lembra aquele ditado popular: "a emenda saiu pior que o soneto". Para Senge, nossas tentativas de emendar o sistema e a nós mesmos podem tornar a situação, que já é complexa, ainda mais problemática.

Se nenhuma solução é capaz de tornar os mercados, as empresas e nossas vidas realmente estáveis, se a cada procedimento que parece uma solução acaba-se por criar mais problemas e novas situações, chegamos ao coração da visão contemporânea da nova economia: sobrevive quem for capaz de levar adiante o conhecimento, sempre incompleto, a cada nova situação, a cada solução temporária. Ter sensibilidade e perceber os novos problemas que vão surgindo, aliás, torna-se uma habilidade ainda mais decisiva que a capacidade de resolver um determinado problema. Pois é na identificação dos problemas, na percepção de anomalias (na vida individual, na vida social, na empresa, nos mercados) que está a semente das grandes descobertas e das grandes oportunidades de fazer negócios, criar produtos, inventar, atender a carências, abrir mercados e acumular riqueza.

Outra forma de dizer isso é lembrar que vivemos num mundo histórico – ou seja, não existe um final definitivo, feliz ou apocalíptico, mas apenas um estado permanente de busca, estado que por si só vai criando novos problemas e, portanto, produzindo eventos e situações históricas. Somente os que acreditam que o mundo e a sociedade, tais como existem, já são o melhor possível, ou seja, somente os conservadores que fazem a apologia do *statu quo,* acreditam e fazem alarde do fim da história.

Uma visão histórica do mundo, da sociedade e de nossas vidas leva ao aprendizado permanente, em contraposição à visão tradicional da natureza e dos sistemas sociais como entidades fechadas e rígidas. Assim, embora seja impossível controlar o caos, ele deixa de ser percebido como algo destrutivo, como o antípoda absoluto da ordem. Nesse ponto parecem coincidir Ilya Prigogine (um físico que ganhou o Nobel) e a velha imagem bíblica: talvez toda ordem tenha sua origem no caos, é do nada que se faz o mundo, o não-saber é condição do saber. Entre caos e ordem, entre vazio e existência, entre não-saber e saber, existe sempre a possibilidade de um *salto criativo*.

Sem criatividade, não há conhecimento, apenas informação que se acumula, dando sempre a impressão de um caos sem sentido nem direção.

Se é verdade que as relações entre ordem e caos são mais complexas do que se supõe, então o desenvolvimento da ciência, da economia e das empresas não é linear, ou seja, não segue uma receita infalível – o caminho mais curto entre dois pontos nem sempre é uma reta.

O *desenvolvimento* depende das conquistas do conhecimento, algo que nunca ocorre com base numa receita "passo-a-passo". Não é a evolução automática de um corpo de saberes, menos ainda o suposto domínio completo de um sistema de informações por parte de um indivíduo. As empresas e outras organizações que já perceberam isso, portanto, deixaram de buscar o "sabe-tudo", o profissional que parece dominar sua área. Passaram a valorizar o indivíduo perceptivo, criativo, aberto à experiência, capaz de mobilizar o conhecimento que tem para enfrentar situações inéditas.

Para Prigogine, o conhecimento avança por meio de janelas, oportunidades que se abrem, dando acesso ao que pode ser conhecido. Mas não há uma série de janelas predefinidas, organizadas numa seqüência à nossa espera. A própria capacidade de abrir as janelas faz parte da nossa cultura.

Essas questões parecem abstratas, distantes do dia-a-dia. Mas lembre-se: estamos entrando numa época em que predomina a chamada "economia do conhecimento". Se as empresas, como já vimos, estão sendo redefinidas como "organizações em aprendizado" (*learning organizations*), é preciso estar preparado para entender o que significa aprender, adquirir conhecimento e evoluir de modo não-linear numa carreira.

Outro conceituado consultor de empresas, John Kao (autor de *Jamming*), argumenta que a improvisação musical, especialmente a do jazz, deveria servir como inspiração na reorganização empresarial e no desenvolvimento de competências individuais e coletivas.

É necessário aprender não apenas a conviver com o caos, mas a deixar que ele venha à luz do dia, por exemplo quando pensamos sobre nossas dúvidas pessoais e sobre opções profissionais.

Entre a convivência com a desordem e a organização de nossa trajetória profissional e existencial, surge um caminho onde se combinam arte e ciência, coisas que qualquer um faz e coisas que somente um indivíduo único, portador de habilidades específicas, gostos e estilo pessoais, será capaz de fazer, tornando-se um ser diferenciado e, portanto, valioso para a organização.

Os executivos responsáveis pela administração dessa nova ordem/desordem estão sendo cada vez mais procurados pelas empresas globais (multinacionais que operam em escala planetária). As novas tecnologias, que requisitam cada vez mais informação e conhecimento, geraram uma alta de 16% na demanda por executivos no final de 1999, em comparação com o mesmo período do ano anterior, de acordo com o *International Executive Demand Index* (Índice Internacional de Demanda por Executivos) da Korn/Ferry International, uma empresa de recrutamento mundial de executivos.

Qual o setor em que a demanda está mais aquecida? De acordo com o levantamento dessa empresa, "todos os setores do globo registraram ganhos na casa dos dois dígitos na demanda por executivos com rendimentos de mais de R$ 300 mil por ano" (o equivalente a nada menos que 2 mil brasileiros ganhando salário mínimo). A alta foi maior (20%) na Ásia e na América do Norte; a América Latina teve um crescimento na demanda por executivos de "apenas" 13%. O levantamento da Korn/Ferry é feito com base numa amostra de 4 mil empresas e organizações sem fins lucrativos, incluindo órgãos governamentais, universidades e instituições culturais.

Note-se que, entre 1998 e 1999, nenhuma região cresceu muito (a América Latina, aliás, praticamente estagnou). Isso sugere que estão ocorrendo transformações intensas nas empresas, nas relações de trabalho, nas tecnologias utilizadas, na "microeconomia", mesmo que as economias não tenham taxas de crescimento elevadas. Talvez no futuro haja até mais crescimento econômico, quando essa grande transformação estiver mais madura.

Mas, afinal, qual é a explicação para salários tão elevados? O que há de tão especial nesses profissionais que administram o conhecimento na nova economia? Quais elementos são decisivos e como eles conseguem enfrentar o caos?

Há enorme carência de um elemento, nas empresas e demais organizações da sociedade, do que se poderia definir como *autenticidade*. É difícil definir o que é "ser autêntico": talvez seja a capacidade de focar na vida o desenvolvimento permanente de si mesmo, a exploração consciente das inúmeras possibilidades inerentes a cada ser humano complexo vivendo situações caóticas.

Isso não significa necessariamente dominar outras pessoas e coisas. Mais que a dominação (ou seja, o uso do conhecimento como instrumento, ferramenta de controle), importa cada vez mais a capacidade de comunicação.

Assim como no jazz, a descoberta de novas melodias e arranjos depende do domínio da técnica instrumental, mas também da interação entre os instrumentistas. Há ordem, mas também abertura para o imprevisível e o inusitado. É a comunicação entre os integrantes da rede de informação o que permite a criação de conhecimento. Isso vale para os músicos, mas também para outras atividades. Surgem novas combinações, novas idéias, cada indivíduo compete e ao mesmo tempo é inspirado pelos outros, ocorre produção de conhecimento sem que o controle dos outros ou da natureza esteja sempre em primeiro plano.

As empresas do futuro esperam que seus executivos sejam como bons músicos de jazz. Competentes, ou seja, preparados para uma jornada sem destinação clara, uma viagem histórica de esclarecimento e aperfeiçoamento por toda a vida do indivíduo, da empresa e da sociedade. Os bons profissionais do futuro serão aqueles com a capacidade e a paciência necessárias para cultivar essa disciplina.

Autenticidade, enfim, é buscar a inovação, tentar ser único, desenvolver a capacidade de fazer mudar a sua própria história sem perder de vista a história da sociedade em que se está estudando ou trabalhando.

É, ainda, uma nova maneira de descrever a busca da verdade e da realização interior, desafio ainda mais difícil num mundo violento onde a competição e a lei da selva promovem o tempo todo comportamentos robotizados, reativos, negativos e defensivos.

CONCLUSÃO: CIDADANIA = EMPREGO

O desemprego tecnológico é insuperável e irreversível? Existe trabalhador multifuncional? A civilização está entrando numa era de declínio das especializações?

O FUTURO DO EMPREGO: POLÍTICAS DE EMPREGO

Ganha força a visão de que, sim, o mundo migra para uma nova Renascença, no sentido de enriquecimento em grande escala e ilustração cultural, com a típica imagem de um *jack of all trades*, um homem de múltiplos talentos, à maneira de Leonardo da Vinci.

Há, nessa visualização do futuro, graves ilusões de ótica de natureza ideológica. Retirar essa maquiagem é um dos desafios do profissional competente nos dias de hoje. É também, provavelmente, o desafio crucial de todo aquele que se pretende, antes de mais nada, cidadão.

A velocidade das transformações, a abundância hiperbólica da informação, a exposição das pessoas, das empresas e dos países a uma overdose de competição criam um caos que torna a cada dia mais inquietante a questão da sobrevivência: como enfrentar o *information glut* (entupimento informacional das sociedades contemporâneas).

O professor João Antônio Zuffo, fundador e diretor do Laboratório de Informática e Sistemas da USP (LIS), afirmou em palestra em março de 2000, na Câmara Americana de Comércio de São Paulo, que "a evolução tecnológica provocará grandes mudanças na sociedade e na maneira das pessoas se relacionarem". Ele acredita que as mudanças mais perceptíveis serão:

- desurbanização;
- ensino individualizado e à distância;
- produção sob demanda, ao invés da produção em massa característica da sociedade industrial.

A Universidade de Oxford, uma das mais antigas e conceituadas do mundo, tem 200 mil telealunos. Fenômeno semelhante ao de uma instituição mais recente: 70% dos alunos da Universidade do Texas freqüentam aulas à distância. Para Zuffo, "o supercomputador de hoje será o microcomputador em dez anos". Haverá um microcomputador com capacidade de processamento da ordem de 1 trilhão de bytes, ante os PC atuais, com capacidade de 256 milhões de bytes.

Isso permitirá uma digitalização crescente do mundo. Será uma grande fonte de emprego em vários níveis de qualificação. Os chips estarão em toda parte, assim como os profissionais necessários para gerenciar uma realidade mediada por tecnologias digitais.

Por enquanto, até por existir uma Bolsa de Valores, a Nasdaq, nos EUA, que concentra empresas de alta tecnologia, há quem veja a economia dividida entre a "velha", suja e mecânica, e a "nova", limpa e digital (como as empresas produtoras de máquinas e equipamentos para a infra-estrutura ou o software da economia do conhecimento). Sistemas de identificação biométricos (como a íris ou o DNA) conectados a bancos e autoridades públicas, reconhecimento de voz e de olhar e comunicações praticamente instantâneas serão realidade em 2005. Muitas das tecnologias já estão em fase avançada de desenvolvimento, mas ainda não são visíveis. A indústria de telecomunicações evolui 78% de sua capacidade tecnológica todo ano (ou seja, quatro em cada cinco tecnologias são anualmente substituídas por completo).

Ao mesmo tempo, no entanto, parece inegável que o aumento de informações e a velocidade em que elas trafegam hoje criam instabilidade na sociedade. No futuro, as populações sem condições culturais e profissionais de atuar em sistemas inteligentes serão cada vez mais excluídas, como desempregados ou como trabalhadores de baixíssima renda. Já é visível nos EUA, por exemplo, país com os mais altos índices de densidade tecnológica e expansão da "nova economia", que a desigualdade na distribuição de renda está aumentando.

O desemprego será crônico para os que não conseguem "plugar-se" às novas tecnologias – o desemprego provocado pela automação nas linhas de produção é apenas o primeiro e mais evidente sintoma do problema.

Não é um problema insolúvel, mas a sua solução depende de ação política e, óbvio, da possibilidade (em termos de relações de força, lobbies e interesses privados, corporativos e setoriais) de transferir renda dos setores mais para os menos beneficiados ou diretamente para os excluídos, além da mobilização de recursos para a democratização do acesso às novas tecnologias (de que a universalização das redes de telecomunicação é uma condição necessária, mas insuficiente se não surgirem políticas sociais adequadas em tempo hábil).

O caminho já é reconhecido, antes de mais nada, pelos próprios técnicos: segundo o professor Zuffo, esse quadro "sugere um retorno de políticas de bem-estar social". Em vários países, esse compromisso assume a forma de metas de democratização e investimento pesado em infra-estrutura para a criação de um novo espaço público. Em outros, desenham-se aos poucos novas políticas sociais: programas de renda mínima vinculados à educação, redução da jornada de trabalho e estímulos ao crescimento espontâneo (e financiado pelas empresas) de organizações não-governamentais, do terceiro setor ou de mobilização e organização social.

No Brasil, vários desses elementos já são visíveis – o país nunca incorreu numa destruição completa do Estado e das políticas públicas em nome da ideologia ultraliberal (que imagina uma auto-regulação completa da sociedade e propaga a crença em mercados onde impera a livre concorrência). Mas o que se faz ainda é insuficiente, e o Estado brasileiro, muitas vezes, age de modo casuísta, permeado pela corrupção e pela falta de legitimidade.

De um lado, há limitações econômicas: o FMI impõe juros altos e cortes de gastos públicos, a dívida pública asfixia o financiamento à pesquisa e o investimento privado, a desnacionalização das empresas transfere para o exterior os investimentos em desenvolvimento tecnológico e design.

Há também cacoetes políticos e corporativistas: a corrupção perverte as agências de regulação e o poder público, a desigualdade social violenta exclui milhões de pessoas das redes de conhecimento, a tradição juridicista e burocratizante prolonga regras e processos caducos que aumentam os custos de viver e produzir no país.

O FUTURO DAS PROFISSÕES: MULTIDISCIPLINARIDADE

Existe trabalhador multifuncional? A civilização está entrando numa era de declínio das especializações?

A vida empresarial e os projetos de pesquisa mais avançados exigem a participação de profissionais de diversas áreas no desenvolvimento contínuo de novas tecnologias e de novo conhecimento. No LIS, o professor Zuffo conta com médicos, músicos, lingüistas, artistas e engenheiros em sua equipe

Para esse tipo de atividade interativa e criativa, *falta* mão-de-obra. Ao mesmo tempo, deve-se reconhecer que no Brasil ainda há relativamente poucos projetos criativos e associados ao desenvolvimento de novos produtos e tecnologias, seja em ambientes empresariais, seja nas universidades e centros de pesquisa.

Mesmo empresas nos centros de ponta, como as do Vale do Silício (Silicon Valley), na Califórnia, enfrentam um problema de falta de mão-de-obra especializada. A National Semi-Conductors oferece a seus funcionários US$ 4 mil para cada novo profissional contratado por indicação deles. O salário médio de um engenheiro recém-formado na empresa é de US$ 3.500.

Esse retrato, no entanto, expressa claramente que os novos projetos exigem um elevadíssimo grau de especialização de cada um dos profissionais empregados. Cuidado, portanto, com o mito do trabalhador multifuncional. A essência da nova era do trabalho é a capacidade de atuar em equipes, tanto quanto a capacidade de desempenhar várias funções em várias especialidades. Ou seja, a especialização continua sendo a expressão mais avançada do grau de sofisticação de um projeto empresarial ou organizacional de sucesso, mas importa cada vez mais a capacidade de interligar-se a uma rede que precisa operar flexivelmente.

O FUTURO DA EMPREGABILIDADE: A CIDADANIA

Talvez a multifuncionalidade seja confundida com a disposição a se atualizar de modo permanente. Mas a atualização do conhecimento, assim como o seu avanço, depende da existência de redes de conhecimento e comunidades de aprendizado.

Mas há quem associe a multifuncionalidade a um estratagema da concentração de capitais da nossa era: as ondas de fusões e aquisições, a destruição e criação em ritmo frenético de novos mercados e oportunidades criam, de fato, profissionais "multifuncionais". No mundo todo, engenheiros viram diretores comerciais, administradores viram designers, artistas viram administradores de empresas, e médicos tornam-se empresários, para elencar apenas algumas das possibilidades/inevitabilidades de um sistema econômico sacudido por ampla instabilidade financeira, tecnológica e geopolítica.

Para que ao menos do ponto de vista conceitual, no entanto, seja possível ir além dessa instabilidade do objeto (o mercado de trabalho), é preciso (e possível) identificar um elemento-chave, talvez a única esperança para esse sistema social.

O fundamento da rede é o compartilhamento de uma linguagem comum. A base mais primária é o compartilhamento de protocolos de comunicação e a operação de softwares adequados. Mas essa é apenas a base mais primária de uma realidade patente: toda a economia se organiza por meio de uma linguagem. É o *compartilhamento criativo da linguagem* que permite a vida em sociedade, ou seja, em redes que, historicamente, foram se tornando cada vez mais plásticas, flexíveis, multirracionais e multiétnicas.

Essa ênfase na *comunicação* e no uso criativo da *linguagem* é que dá ao entretenimento um poder tão grande nas nossas sociedades, o que leva alguns futurologistas, como o italiano Domenico de Masi, a profetizar a transformação progressiva da sociedade em espaço de lazer, em que o trabalho ocupa menos tempo na vida de cada indivíduo.

A multiplicação das redes, se desse oportunidade a uma ampliação das possibilidades de diálogo, resultaria num sistema virtuoso, capaz de crescer economicamente e se enriquecer espiritualmente. Na Grécia antiga, na Renascença ou em certas comunidades orientais, tem-se a impressão de que ocorria isso: o aperfeiçoamento instrumental (o desenvolvimento de competências e especializações) caminhava com o desenvolvimento lingüístico, artístico e cultural. Diálogo, comunicação, capacidade de estabelecer e manter relações sociais construtivas.

O que o sistema de redes flexíveis de fato exige são profissionais com diferentes especializações e graus de competência, mas capazes de atuar em equipes e, portanto, abertos ao diálogo e à reavaliação permanente dos próprios pressupostos e pontos de vista.

Sociedades abertas à transformação, à identificação e à superação das anomalias que povoam as histórias pessoais e coletivas parecem encontrar uma energia que sustenta a inovação e o progresso. Os sistemas se tornam rígidos quando a comunicação livre é sufocada, os códigos são impostos pela força e a capacidade de inovação definha (basta lembrar o destino do sistema soviético).

É também preciso estar atento a vários mitos que se tornam senso comum, repetidos e banalizados até o ponto em que já não se sabe ao certo o que significam. É o caso de modelos de "capital humano" e da educação como alavanca do progresso e da distribuição de renda.

É uma inserção altamente duvidosa essa que se faz da educação e do conhecimento em formulações conservadoras. Nessas visões, basta abrir os mercados, deixar tudo funcionar livre e naturalmente, com o máximo de competição e sem interferência do Estado, para que, se as pessoas estudarem muito ou se uma empresa investir bastante na educação de seus funcionários, todos serão mais competitivos, ocuparão mercados, aumentarão seus níveis de renda e de acumulação de capital financeiro.

Modelos de "capital" humano não são novidade. Já foram criticados como visão ideológica do capital. Afinal, a distinção entre os que têm e os que não têm o controle dos meios de produção fica diluída na idéia aparentemente democrática de que basta estudar muito para virar capitalista.

Mas a idéia obviamente é tentadora, agora que se fala de capital intelectual e economia do conhecimento. Só que a educação, na ótica conservadora, apresenta-se em abstrato. Desaparece a questão crucial da propriedade (privada ou não) do conhecimento.

Veja-se o caso do jovem bilionário Jerry Yang, fundador do Yahoo! (o maior serviço de busca da

Internet). Claro que há no seu caso acumulação de capital baseada em educação e conhecimento.

Mas Yang só enriqueceu porque o Estado norte-americano, anos antes, investiu e organizou uma rede de informação para fins militares e tecnologicos avançados, a Arpanet. Muitos esquecem isso. Preferem louvar o prodígio intelectual de um ou outro suposto "pai" da grande rede universal.

Ora, a Arpanet era uma *information highway* patrocinada pelo Estado, inspirado por considerações de segurança nacional e desenvolvimento estratégico. A própria noção de *information highway* combina, na mesma metáfora, uma imagem da nova economia (informação) com outra da velha (infra-estrutura). Sem a infra-estrutrura pública, governada por padrões tecnológicos, éticos e políticos, o que valem a educação e o conhecimento?

Não basta portanto uma pessoa estudar muito, embora isso obviamente aumente as suas chances em qualquer mercado de trabalho. Se a sociedade em que ela vive não promover a cultura e a criação, se o governo nessa sociedade não tiver políticas amplas de investimento em infra-estrutura social e promoção de atividades econômicas inovadoras, todo caso de sucesso será apenas mais uma história de *self-made man*, as exceções que confirmam a regra, ou meros casos isolados de pessoas realmente extraordinárias e perseverantes.

O Brasil está na pré-história da construção desse espaço público, com instituições governamentais e não-governamentais que organizem a economia do conhecimento. E a novidade da "nova" economia é justamente a importância das comunidades de conhecimento, de espaços públicos que viabilizam oportunidades privadas.

Em nosso país, os empregos do futuro, assim como as profissões (de e do futuro), dependem ainda de a sociedade se conscientizar cada vez mais das condições e lutar por direitos que viabilizem a cidadania, numa era de avanço tecnológico e competição brutais.

Obviamente, estão em jogo aspectos políticos, culturais e econômicos (na Califórnia, talvez o mais dinâmico pólo de alta tecnologia da atualidade, há muitas grandes empresas subsidiadas direta ou indiretamente pelo Estado norte-americano para desenvolver essa alta tecnologia).

A inovação que promove acumulação de capital não ocorre numa torre de marfim. Ela repousa sobre uma vigorosa infra-estrutura pública na qual muitas vezes o conhecimento que vale mais é aquele que é mais compartilhado (o que torna mais atuais e mais complexas as questões relativas a propriedade intelectual, do conteúdo de um jornal na *Web* ao *download* de músicas em formato MP3, passando pela utilização de trabalho à distância). Falar em geração de empregos e possibilidades da nova economia do conhecimento sem ter essa consciência política é acreditar nos mercados (inclusive o "de trabalho") independentemente de quem são os donos do poder.

Flexibilidade ou rigidez, democratização ou defesa de privilégios corporativos, propriedade de conhecimento ou ampliação das comunidades de aprendizado públicas e abertas: esses são os dilemas que condicionam a qualidade e a quantidade de empregos do futuro.

A superação dos dilemas, no entanto, exige mobilização social, consciência política e organização de interesses. O futuro da empregabilidade será uma conquista da cidadania. A economia não passa de um aspecto de uma questão acima de tudo ética. E a ética está sendo abalada seja por novas tecnologias, seja pela centrifugação da informação e fragilização da cidadania, freqüentemente provocadas, numa sociedade mundial controlada por grandes grupos financeiros e econômicos transnacionais.

APÊNDICE

CURRÍCULO: VIDA É INFORMAÇÃO

Currículo vem do latim *curriculum vitae*. O dicionário explica: "carreira de vida" – ou o conjunto de dados concernentes ao estado civil, ao preparo profissional e às atividades anteriores de quem se candidata a um emprego. Em português, virou "currículo". Ou simplesmente CV.

Mas o dicionário lista outros sentidos da palavra "currículo": é também o ato de correr, um atalho, um corte. Ou as matérias constantes de um curso.

O pano de fundo é mesmo a imagem de uma corrida em direção a algo (o emprego) que depende daquilo que já se fez (ou seja, tudo o que já ocorreu). Daí o sentido de outra expressão dessa família: a carreira, que é o processo de ir construindo um currículo, passando por várias atividades (nem sempre apenas as profissionais).

Partindo desses significados literais, a elaboração de currículos acabou por se transformar numa arte e, para alguns, num capítulo muito especial da literatura e de outras artes de representação. Há empresas de consultoria que dedicam boa parte de seus esforços a essa arte. E em algumas profissões, como a de designer gráfico, o próprio documento impresso já vai dizer muito do estilo de quem se apresenta a uma empresa.

Mas é um grave engano acreditar que o currículo é um retrato do passado. Esse é aliás um dos segredos de polichinelo das novas estratégias de empreendimento (tanto para a grande empresa quanto para o indivíduo que procura emprego ou se lança num vôo solo). O que importa é pensar o trabalho como um elo numa rede de relações sociais em *mobilização permanente*. Dessa perspectiva, não interessa apenas aquilo que já passou, mas a cada momento é preciso encarar um projeto de vida e trabalho como um sistema que flui por meio de relações (com amigos, clientes, superiores hierárquicos, outras empresas, fontes de informação etc.).

É como se ampliar as suas conexões com as redes que operam na economia fosse o desafio prioritário e permanente. A corrida do currículo está acontecendo *agora* e deve ser administrada o mais sistematicamente possível.

Há muita gente que leva isso ao pé da letra: são os ratos de coquetéis e reuniões, que disparam cartões de visitas como se empunhassem uma metralhadora giratória. Ou que não conseguem viver sem pensar em trabalho. Nesses casos, a preocupação legítima com o trabalho e com a realização profissional torna-se uma doença. Aliás, já existem associações de *workaholics*, tão viciados em trabalho (*work*) quanto os alcoólatras (*alcoholics*).

O currículo é, antes de mais nada, uma forma de comunicação. É o lado sistematizado, organizado, das suas dúvidas pessoais e profissionais. Em geral, é um ingrediente essencial em processos de seleção. A triagem de currículos é geralmente uma etapa eliminatória na corrida em direção à entrevista, outro momento em que as capacidades de comunicação e expressão são decisivas.

O processo de aprendizado é o que está por trás do currículo. Portanto, quem está sempre se aprimorando, aprendendo mais, está permanentemente trabalhando o seu currículo também. Registrar sucessos (e até insucessos, tentando entendê-los) é importante. Manter um banco de dados de contatos, eventos em que se participa, trabalhos realizados, tudo isso faz parte de uma *administração sistemática* do currículo, ou seja, da carreira. Algo que pode parecer (e em boa medida é mesmo) burocrático, mas que se torna um recurso decisivo na hora de buscar um emprego novo ou até de entrar em novos mercados.

Ou seja, cada vez mais o que se valoriza é o caminho, a carreira do indivíduo desde o momento em que se é estudante – aliás, essa carreira faz algumas empresas considerarem como relevante não apenas a performance numa prova específica numa data determinada, o vestibular. O Ministério da Educação já reconhece novas formas de avaliação que levam em conta todo o currículo escolar e não apenas o desempenho no exame vestibular.

Um procedimento recomendável é você organizar uma pasta com os documentos que comprovam suas experiências de vida. E mais importante: não apenas o curso de inglês ou o estágio na empresa de informática. Viagens podem ser um elemento decisivo num currículo: elas fazem parte da sua experiência de vida. Dependendo do setor ou empresa em que vai trabalhar, pode ser relevante indicar os shows e concertos a que você assistiu.

Em suma: interessa menos uma nota, um curso ou um estágio e cada vez mais a formação e o cuidado com que cada indivíduo cuida da própria atualização, *permanentemente*.

A elaboração de currículos é uma forma de redação. A própria forma de apresentação vai revelar o nível cultural, além de eventualmente deixar à vista certos traços da personalidade. Valem cada vez mais os currículos que tenham não apenas conteúdo, mas também uma boa apresentação e, em alguns casos, que venham acompanhados de uma carta de apresentação ou referências. As histórias de *startups* (empresas novas, em geral de alta tecnologia, que se transformaram na coqueluche dos setores mais dinâmicos) estão repletas de exemplos: não basta ao candidato a empresário ter uma boa idéia. Para conseguir capital, ele precisa de bom relacionamento, de referências que o diferenciem, diante do capitalista que pode investir num negócio novo, mas que é assolado por centenas de *business plans* (planos de negócios). Arranjar um emprego ou lançar uma nova empresa dependem, portanto, de bons contatos.

Tanto o currículo (documento) quanto a carreira (práticas profissionais) refletem a capacidade de estabelecer redes de contatos. A carta de apresentação é um documento que atesta, no currículo, não apenas o que já se fez ou aonde se foi, mas com quem um indivíduo se relaciona ("diga-me com quem andas e te direi quem és"). Uma boa carta de apresentação pode agregar muito valor ao currículo.

Pior que o sumiço do mercado é, diante das oportunidades de trabalho, perceber que o seu currículo é insuficiente ou, tragédia suprema, que ele "encolheu" quando comparado ao dos seus concorrentes.

Uma coisa é certa: numa época em que a concorrência por uma vaga tende a aumentar, antes de se angustiar com as profissões do futuro é preciso estar atento a si mesmo, *é preciso cultivar a própria formação.* Acreditar que o currículo já é excelente, imaginar que a posição alcançada é inabalável, deixar o tempo passar sem investir na própria formação e, portanto, no aprimoramento do próprio currículo significa, indiretamente, encolhê-lo e tornar-se cada vez menos qualificado e competitivo.

BIBLIOGRAFIA E SITES

BIBLIOGRAFIA RECOMENDADA

Afonso Fleury e Maria Tereza Fleury, *Estratégias Empresariais e Formação de Competências*. São Paulo: Atlas, 2000.

Dieese, *Emprego e Desenvolvimento Tecnológico*. São Paulo: Dieese, 1998.

Domenico de Masi, *O Futuro do Trabalho*. Rio de Janeiro: José Olympio Editora/Ed. da UnB, 1999.

Don Tapscott, *Economia Digital*. São Paulo: Makron *Books*, 1997.

Douglas Rushikoff, *Um Jogo Chamado Futuro*. Rio de Janeiro: Revan, 1999.

Edgar Morin e Jean-Louis Le Moigne, *A Inteligência da Complexidade*. São Paulo: Fundação Petrópolis, 2000.

Frances Hesselbein, *A Comunidade do Futuro*. São Paulo, Futura: 1998.

Gilberto Dupas, *Economia Global e Exclusão Social.* São Paulo: Paz e Terra, 1999.

Helena Lastres e Sarita Albagli, *Informação e Globalização na Era do Conhecimento.* Rio de Janeiro: Campus, 1999.

José Cláudio Cyrineu Terra, *Gestão do Conhecimento.* São Paulo: Negócio Editora, 2000.

Leif Edvinsson e Michael S. Malone, *Capital Intelectual.* São Paulo: Makron *Books*, 1998.

Marcio Pochmann, *A Batalha Pelo Primeiro Emprego.* São Paulo: Publisher Brasil, 2000.

Marcos Dantas, *A Lógica do Capital Informação.* Rio de Janeiro: Contraponto, 1996.

Marcus Alban, *Crescimento sem Emprego.* Salvador: Casa da Qualidade, 1999.

Milton Santos, *Técnica, Espaço, Tempo.* São Paulo: Hucitec, 1994.

Nicholas Negroponte, *A Vida Digital.* São Paulo: Companhia das Letras, 1999.

Pedro Demo, *Política Social do Conhecimento.* Petrópolis: Vozes, 2000.

Richard Sennett, *A Corrosão do Caráter.* Rio de Janeiro: Record, 1999.

Robert Howard, *Aprendizado Organizacional.* Rio de Janeiro: Campus, 2000.

Thierry Gaudin, *Economia Cognitiva.* São Paulo: Beca Produções Culturais, 1999.

[Vários autores], *Série Sucesso Profissional.* São Paulo: Publifolha, 1999.

William Bridges, *Um Mundo sem Empregos.* São Paulo: Makron *Books*, 1995.

SITES COMENTADOS

Catho
www.catho.com.br

Empresa das mais importantes no setor de recrutamento, publica um boletim online de alta qualidade e inclui no site uma tabela com indicações de outras empresas e sites interessantes. Vale a pena colocar entre os favoritos.

Associação de Profissionais de Informática (API)
www.apinfo.com

Autodenominado "ponto de encontro dos profissionais de informática", esse site inclui dicas para a elaboração de CV. Pode-se registrar gratuitamente o currículo.

Curriex
www.curriex.com.br

Segue o padrão dos sites para currículos, mas cobra um mínimo de R$ 49,90 para incluir um currículo por seis meses em seus cadastros eletrônicos.

Vagas.com.br
www.vagas.com.br

O diferencial desse site é oferecer áreas tanto para empresas quanto para candidatos, que podem inscrever seus currículos gratuitamente.

Projeto Aprendiz
www.uol.com.br/aprendiz,

Voltado para estudantes e profissionais da área educacional, pode ser uma leitura interessante para profissionais que já estão no mercado de trabalho e querem manter-se atualizados sobre tendências na área de ensino no Brasil e no mundo. Conta ainda com uma área que sistematiza ofertas de estágios oferecidas em sites como o do ICEE (Centro de Integração Escola-Empresa) e o do Job On Line, entre outros.

Korn/Ferry International
www.kornferry.com

É a maior empresa do mundo em recrutamento de executivos e uma leitura obrigatória para o profissional em busca de informações sobre o mercado global. A Korn/Ferry trabalha com 425 consultores em 71 escritórios espalhados por 40 países. O site inclui o Futurestep, um sofisticado sistema de cadastramento e avaliação de profissionais.

CIEE
www.ciee.org.br

Fundado em 1964, o Centro de Integração Empresa-Escola (CIEE) procura realizar a intermediação de vagas para estágios entre os estudantes, as escolas e as empresas. O site é rico em informações mais amplas, e o próprio CIEE oferece cursos preparatórios para quem está em vias de enfrentar a procura por um emprego.

Job Online
www.jobonline.com.br

O Job On Line é um site dedicado a estagiários e *trainees*, que podem consultar gratuitamente seu banco de dados para inclusão e posterior exposição de seu currículo, bem como para pesquisar as vagas que estarão sendo oferecidas. Empresas usam o Job On Line para a divulgação de ofertas de vagas e a procura de estagiários e *trainees*. O site traz ainda a Lei Brasileira de Estágio e dicas sobre como o candidato deve preparar-se para uma entrevista.

Mediar
http://143.107.86.118/mediar/index.htm
O Programa de Informações para a Mediação Estratégica entre Trabalho e Capital, mantido pela Fundação Instituto de Pesquisas Econômicas (Fipe), é uma experiência única no Brasil: coordena uma rede de empresas que compartilham informações permanentemente atualizadas sobre emprego e salários, relações de trabalho, sindicalismo, negociações coletivas e políticas de recursos humanos das empresas. Para cadastrar-se, é preciso ser representante de uma empresa e estar disposto a enviar informações em troca do acesso à base de dados.

Dieese
www.dieese.org.br
O Dieese (Departamento Inter-Sindical de Estatística e Estudos Sócio-Econômicos) é uma uma instituição sem fins lucrativos mantida pelas entidades sindicais brasileiras. Navegar em seu site é uma das melhores formas de atualizar-se sobre questões ligadas ao mercado de trabalho: há notícias, pesquisas em parceria com instituições do governo paulista (como o célebre indicador de emprego e desemprego, desenvolvido em parceria com a Fundação Seade) e centros de pesquisa. Há conexão também para um centro de informações sobre emprego e tecnologia, que inclui links para centros de pesquisa, bases de dados estatísticos mundiais e universidades.

Next Wave
www.nextwave.org

É um serviço voltado a todos os que estão interessados em entrar na economia do conhecimento pela porta da frente: produzindo conhecimento, fazendo pesquisa, usando a inteligência e ajudando a ampliar as redes de centros de pesquisa e produção científica em todo o mundo. Em expansão para outros países além dos EUA, sob os auspícios da respeitada revista *Science*, é uma das melhores referências para quem acredita que o futuro reserva um papel privilegiado para a academia. Inclui o Jobsnet, uma referência para quem busca empregos na área científica e acadêmica.

Job Search Sites on the World Wide Web
www.cco.purdue.edu/Student/jobsites.htm

Talvez seja o mais extenso portal com indicações para quem procura uma inserção no mercado de trabalho. Mantido pela Universidade de Purdue, que tem um Center for Career Opportunities, é uma ótima referência para quem pretende encarar a globalização como um processo que oferece oportunidades e não apenas ameaças. Evidentemente, para seguir essa trilha é preciso já estar em boa medida globalizado: falar, ler e escrever fluentemente o inglês é o ponto de partida para quem não considera que o mercado de trabalho brasileiro basta.

Canal Executivo Júnior
www.uol.com.br/canalexecutivo/junior.htm

Autodenominado "Informação Para Quem Quer Chegar Lá", o site oferece notícias sobre o mercado de trabalho, em geral voltadas para o estudante em busca de estágios. Mas há também alguns artigos interessantes com dicas sobre como conseguir vagas pela Internet ou sobre as dificuldades de ter um currículo aceito pelas empresas.

UOL
www.uol.com.br/concurso

O site mantém uma área com anúncios de vagas, em geral nas áreas de tecnologia de informação e comunicação.

Sites de empresas

É possível em vários casos entrar em contato direto com as empresas para conhecer suas exigências na contratação de estagiários, por exemplo. Alguns exemplos:

BankBoston
www.bankboston.com.br/frame15.htm

Laboratório Fleury
www.fleury.com.br/rh/rh.htm

Sadia
www.sadia.com.br/sadiacom/curriculo/main.htm

Visite o site deste livro, onde
informações, artigos e links na Internet
sobre "o futuro das profissões" estarão
sendo regularmente atualizados.

http://sites.uol.com.br/schwartz

SOBRE O AUTOR

Gilson Schwartz é economista e sociólogo formado na USP, com cursos de mestrado e doutorado em economia e filosofia na USP e na Unicamp. Editorialista e articulista da *Folha de S.Paulo* desde 1983, atualmente é professor visitante do Instituto de Estudos Avançados da USP e pesquisador associado ao Núcleo de Pesquisa em Relações Internacionais da mesma universidade.

Consultor de bancos e empresas, foi economista-chefe do BankBoston no Brasil, economista da Fundação Seade e colaborador da Câmara Americana de Comércio de São Paulo. Autor dos livros *O Capital em Jogo* (Editora Campus, 2000) e *Decifre a Economia* (Editora Saraiva, 1993), entre outros, é membro do Conselho Editorial da série "Folha Explica" e editor do boletim *Que Fazer? Tecnologia, Vocação, Emprego* (www.moderna.com.br/mundo). Atualmente coordena o Projeto Telementor, de construção de uma rede de conhecimento entre empresas e escolas.

FOLHA
EXPLICA

Folha Explica é uma série de livros breves, abrangendo todas as áreas do conhecimento e cada um resumindo, em linguagem acessível, o que de mais importante se sabe hoje sobre determinado assunto.

Como o nome indica, a série ambiciona *explicar* os assuntos tratados. E fazê-lo num contexto brasileiro: cada livro oferece ao leitor condições não só para que fique bem informado, mas para que possa refletir sobre o tema, de uma perspectiva atual e consciente das circunstâncias do país.

Voltada para o leitor geral, a série serve também a quem domina os assuntos, mas tem aqui uma chance de se atualizar. Cada volume é escrito por um autor reconhecido na área, que fala com seu próprio estilo. Essa enciclopédia de temas é, assim, uma enciclopédia de vozes também: as vozes que pensam, hoje, temas de todo o mundo e de todos os tempos, neste momento do Brasil.